PROJEKT Zuckerfrei

Clean Eating Bewusst genießen – Besser leben!

Danksagung

An der Entstehung dieses Buches waren viele Leute beteiligt, denen ich herzlich dankbar bin.

Danke an meinen Mann, der mich nicht nur unterstützt und ermutigt hat, sondern der auch der mutigste, unerschrockenste und ehrlichste Testesser ist, den ich kenne. Manchmal hätte die Kritik netter verpackt werden können, aber am Ende war sie doch immer berechtigt.

Herzlich danken möchte ich drei wunderbaren Frauen, durch die das Kochen und Backen mit frischen Produkten für mich nicht nur eine Selbstverständlichkeit, sondern eine Freude und Leidenschaft geworden ist: Meiner Mutter und meinen beiden Großmüttern.

Vielen Dank auch an meine Lektorin, Claudia Boss-Teichmann, für ihre Adleraugen, richtigen Fragen und feinen Verbesserungsvorschläge.

… und nicht zuletzt den Erfindern des Internets. Ohne das großartige weltweite Netz wäre es nie zu einem so regen Austausch mit Gleichgesinnten gekommen, und wahrscheinlich hätte es das „Projekt Zuckerfrei" nicht gegeben. Danke, Leute!

Katharina **Kraatz**

PROJEKT
Zuckerfrei

Clean Eating Bewusst genießen – Besser leben!

h.f.ullmann

Inhalt

Liebe Leserinnen, liebe Leser,

bis vor etwa fünf Jahren sah es an einem durchschnittlichen Tag auf meinem Teller so aus: Zum Frühstück gab es Früchtemüsli mit Honig, dazu ein Glas Orangensaft. Zum Mittag Salat mit Honig-Senf-Dressing, nach dem Essen Kekse zum gezuckerten Espresso. Mehr Kekse zum Tee im Nachmittagstief. Hühnchen mit Sweet-Chili-Sauce zum Abendessen, danach ein Dessert und zum Ausklang gern noch eine Schale Gummibärchen vor dem Fernseher. Über den Tag verteilt gab es noch zwei Tassen Milchkaffee mit Karamellsirup sowie einige Gläser Maracujaschorle. Und wenn der Tag nicht mein Freund oder mir einfach langweilig war, aß ich noch das eine oder andere Stückchen Schokolade oder Kuchen.

Und wissen Sie was? Vom offensichtlichen Naschkram einmal abgesehen, war ich felsenfest davon überzeugt, mich doch ziemlich gesund zu ernähren – Müsli, Orangensaft und Salat waren doch prima Lebensmittel! Was ich zu dem Zeitpunkt nicht ahnte: Ein solcher Tagesablauf brachte mir über 100 Gramm Zucker auf den Teller. Das waren mehr als 30 Stück Würfelzucker! Mengen, die heute für mich völlig unvorstellbar sind, die aber damals ganz normal waren – und die allen Statistiken zufolge für die meisten Menschen bei uns eine alltägliche Zuckermenge darstellen.

2012 stieß ich im Internet auf das Experiment einer Bloggerin, die für eine Weile auf Zucker verzichten wollte. Ich fing an, mich mit dem Themenkomplex zu beschäftigen und beschloss, den Schritt ebenfalls zu wagen – hauptsächlich, um mir selbst etwas zu beweisen. Aus den geplanten acht Wochen sind mittlerweile fünf Jahre geworden, aus dem Experiment wurde eine Lebenseinstellung, die mein Leben bereichert hat. Nicht nur, dass ich ohne Anstrengung in kurzer Zeit etwa sieben Kilo Wohlstandsspeck verlor, ich konnte das Gewicht auch problemlos halten. Meine unreine und empfindliche Haut war nach kurzer Zeit deutlich entspannter und klarer. Doch am besten war das Gefühl, viel fitter, konzentrierter und wacher zu sein. Natürlich war es nicht immer leicht, und vor allem am Anfang war eine gute Portion Durchhaltewillen vonnöten, aber die Erfolge stellten sich so rasch ein, dass ich auf dieses neue Lebensgefühl auf keinen Fall wieder verzichten wollte.

Meine Erfahrungen und Erlebnisse teilte ich auf meinem Blog und schien dabei einen Nerv zu treffen, denn die Resonanz war wirklich unglaublich.

In diesem Buch zeige ich Ihnen einen Weg zu einer deutlich zuckerreduzierten Ernährung. Neben den Fakten zum Thema Zucker steht vor allem das „Ausstiegsprogramm" im Fokus: Schritt für Schritt hin zu einem schlankeren, gesünderen Lebensstil, den Sie nach der Anfangsphase an Ihre persönlichen Lebensumstände anpassen können. Dazu habe ich über 70 leckere Rezepte entwickelt, die Ihnen auf Ihrem Weg helfen. Es braucht keine exotischen oder teuren Zutaten, um sich gesund zu ernähren!

Leben Sie gesund und glücklich!

Ihre Katharina Kraatz

Der Zucker und wir

Warum essen wir so gern und vor allem so viel Zucker? Wie viel Zucker ist vertretbar und ab wann wird es zu viel? Was ist das überhaupt, Zucker? Wie wirkt er in unserem Körper? Und gibt es gute und schlechte Zuckerarten? Was ist mit Honig und Sirup? Welches sind die fiesen Zuckerfallen und wie kann man sie umgehen? Wie kann ich mit weniger Zucker backen und kochen? Und wie kann ich mich nicht nur zuckerarm, sondern auch gesund ernähren?

Fragen über Fragen. Auf den nächsten Seiten finden Sie die wichtigsten Infos zum Thema Zucker, außerdem Tipps und Tricks zum gesunden Umgang mit dem süßen Stoff.

Unser (zu) süßes Leben

E r ist verführerisch süß, und wir lieben ihn in unserem Kaffee, im Kuchen oder im Dessert: Zucker. Und obwohl mittlerweile weithin bekannt ist, dass zu viel Zucker einfach nicht gesund ist, ist es schwer, ihm aus dem Weg zu gehen. Scheint er doch in jedem Produkt zu stecken, auch in jenen, die wir nicht unbedingt im Verdacht haben: Vom morgendlichen Müsli bis zum herzhaften Knabberspaß am Abend enthält nahezu jedes industriell hergestellte Lebensmittel zugesetzten Zucker.

Von natürlicher Süße zu industrieller Überzuckerung

Die Vorliebe für Süßes ist uns angeboren und unser erstes Nahrungsmittel, die Muttermilch, schmeckt süßlich. Der süße Geschmack von Pflanzen und Beeren war für unsere Vorfahren auch ein wichtiger Indikator für die Bekömmlichkeit: Giftige Pflanzen sind meist bitter. Dazu lieferte der in den Pflanzen enthaltene Zucker schnell verfügbare Energie, also einen entscheidenden Vorteil im Kampf ums Überleben. Beeren, Früchte und mit etwas Glück wilder Honig waren lange Zeit die einzigen Quellen für Süßes. Auch mit der Sesshaftigkeit der Menschen blieben süße Früchte zumeist ein saisonales Vergnügen – wenn alle Beeren verzehrt waren, musste man zwangsweise auf das nächste Jahr warten. Süßspeisen, vor allem in Honig eingelegte Früchte, waren zwar seit der Antike bekannt, aber zumeist sehr teuer und damit nur den Wohlhabenden zugänglich. Und natürlich spielten klimatische Bedingungen eine Rolle: Im warmen Südeuropa gediehen süße Früchte besser als im kühlen Norden.

Zucker in Form von kristalliner Süße ist dagegen ein recht neues Phänomen in der menschlichen Ernährung. In Europa war Zucker bis weit ins Mittelalter hinein sogar schlichtweg unbekannt und wurde erst durch heimkehrende Kreuzritter aus dem Orient mitgebracht. Er wurde zu einem begehrten Luxusgut, das als teures Gewürz gehandelt wurde. Im Zuge der Kolonialisierung im 15. und 16. Jahrhundert wurde Zuckerrohr auf großen Plantagen vor allem auf den karibischen Inseln angebaut, womit Rohrzucker in größeren Mengen auf den europäischen Markt gebracht werden konnte. Im frühen 19. Jahrhundert veranlassten dann europäische Monarchen Forschungen rund um die Zuckerrübe, worauf sich ihr Anbau rasch verbreitete. Erst dadurch wurde Zucker hierzulande ein weithin erhältlicher Bedarfsartikel, dessen Konsum rasch anstieg. Im ausgehenden 19. Jahrhundert lag der Zuckerkonsum in Deutschland bei etwa 6,5 kg jährlich – heute verzehren wir im Durchschnitt unglaubliche 33 kg Zucker im Jahr. Der Großteil davon gelangt allerdings gar nicht in unsere Haushalte, um dort zum Süßen oder Backen verwendet zu werden, sondern steckt in verarbeiteten Lebensmitteln, also in Süßigkeiten, Backwaren oder Getränken, aber auch in Salatdressings, Wurst oder Chips.

Wieviel Zucker darf es sein?

Darüber, dass die riesigen Mengen an Zucker in unserer Ernährung nicht gesund sein können, sind sich alle Experten einig. Über die Höchstmenge, die nicht überschritten werden sollte, herrscht allerdings Uneinigkeit. So empfiehlt beispielsweise die Deutsche Gesellschaft für Ernährung in ihren „10 Regeln für eine vollwertige Ernährung" sehr vage, Zucker „in Maßen" zu verzehren. Nur – was heißt das konkret? Eine bessere Orientierung bietet die neueste Richtlinie der Weltgesundheitsorganisation (WHO): Die Menge an zugesetztem Zucker sollte höchstens fünf Prozent der täglichen Kalorienmenge betragen. Ausgehend von einem durchschnittlichen Kalorienverbrauch von 2000 kcal für Frauen und 2500 kcal für Männer pro Tag entspricht das 25 g Zucker für Frauen bzw. 31 g für Männer. Das klingt zunächst gar nicht so wenig, es sind aber nur etwa fünf bzw. sechs Teelöffel Zucker pro Tag. Diese beziehen sich auf alle Lebensmittel mit zugesetztem Zucker, die wir verzehren, also tatsächlich alles vom Müsli über das Brot bis hin zum Kuchen und den Naschereien. Wenn wir noch einmal die 33 kg Pro-Kopf-Verbrauch zugrunde legen, zeigt sich, dass zwischen der Realität und der WHO-Empfehlung eine große Lücke klafft: Knapp 90 g Zucker pro Tag verzehren wir nämlich tatsächlich. Und das hat gravierende Auswirkungen auf unseren Körper, unsere Gesundheit und unsere Lebensqualität.

Was ist Zucker?

Die Definition von Zucker scheint auf den ersten Blick ganz einfach: Die süßen Kristalle, die wir zum Backen, Kochen und Süßen verwenden – das ist Zucker. Auf den zweiten Blick wird es aber etwas komplexer.

Saccharide: Die Welt des Zuckers

Wissenschaftlich gesehen ist Zucker ein anderer Begriff für Kohlenhydrate. Neben Eiweiß und Fetten stellen Kohlenhydrate eine der drei großen Nährstoffgruppen dar. Sie bestehen aus einem oder mehreren Zuckermolekülen, die wiederum Verbindungen von Kohlenstoff, Wasserstoff und Sauerstoff darstellen.

Kohlenhydrate werden auch als Saccharide bezeichnet, abgeleitet vom altgriechischen Wort „sákcharon" für Zucker. Die Gruppe der Saccharide unterteilt sich nach der Größe ihrer Moleküle: Monosaccharide oder Einfachzucker sind diejenigen Zuckerarten, die aus einem einzelnen Molekül bestehen. Ihre wichtigsten Vertreter sind Glucose (Traubenzucker), Fructose (Fruchtzucker) und Galactose (Schleimzucker). Oligosaccharide oder Mehrfachzucker sind Verbindungen aus zwei oder mehr Monosacchariden. Die für uns wichtigsten Mehrfachzucker sind Lactose, also Milchzucker, und vor allem Saccharose, der Haushaltszucker. Polysaccharide oder Vielfachzucker bestehen aus der Verbindung (sehr) vieler Einfachzuckermoleküle. Polysaccharide finden sich in Pflanzen vor allem als Stärke und als Zellulose.

Keine Sorge, „zuckerfrei" heißt nicht, dass Sie nie wieder Kohlenhydrate essen dürfen. Abweichend von chemischen Begrifflichkeiten interessieren uns primär die Einfachzucker sowie der Zweifachzucker Saccharose. Darüber hinaus ist vor allem der Einfachzucker Glucose ein wirklicher „Baustein des Lebens" und stellt den Treibstoff für unsere Zellen dar.

Die Süßkraft ist bei Einfach- und Mehrfachzuckern am höchsten, Fructose süßt am stärksten. Je länger die Molekülkette, desto weniger süß schmeckt ein Lebensmittel. Sobald aber der Verdauungsprozess beginnt, was bereits im Mund passiert, werden die langen Molekülketten in kürzere zerlegt. Deswegen schmeckt z. B. Vollkornbrot süßlich, wenn Sie es lange kauen. Durch Enzyme im Speichel werden die Stärkeketten aufgebrochen und in süßlich schmeckende Glucosemoleküle zerlegt.

Glucose, Fructose und Saccharose

In ernährungsphysiologischer Hinsicht werden als „Zucker" vor allem die Einfach- und Mehrfachzucker betrachtet. Umgangssprachlich wiederum versteht

man unter „Zucker" die süßen Kristalle aus der Zuckerdose. Diese bestehen zu fast 100 % aus dem Zweifachzucker Saccharose, bei welchem jeweils ein Molekül Glucose und ein Molekül Fructose miteinander verbunden sind. Bei der Verdauung werden diese beiden Moleküle voneinander getrennt und auf unterschiedliche Weise vom Stoffwechsel verarbeitet.

Gelangt Glucose ins Blut, baut das in der Bauchspeicheldrüse produzierte Hormon Insulin die im Blut vorhandene Glucose („Blutzucker") ab, sodass diese den Zellen als Nahrung zur Verfügung steht bzw. auf Abruf gespeichert wird. Das Hormon Leptin sorgt für ein anhaltendes Sättigungsgefühl nach einer Mahlzeit. Sinkt der Blutzuckerspiegel wieder unter einen gewissen Wert, sorgt das Hormon Glucagon dafür, dass Energiereserven angezapft werden, sodass wir bis zur nächsten Mahlzeit überleben. Unterstützend wird durch das Hormon Ghrelin ein Hungergefühl verursacht. In einem gesunden Körper ist das ein perfekt ausbalanciertes System, das dafür sorgt, dass wir genau so viel essen, wie wir verbrauchen.

Bei der Aufnahme von Fructose steigt der Blutzuckerspiegel kaum an, da die Insulin-Detektoren Fructosemoleküle nicht oder fast nicht erkennen. Das „Sättigungshormon" Leptin wird nur wenig ausgeschüttet, das „Hungerhormon" Ghrelin dagegen angeregt: Man verspürt Hunger, obwohl dem Körper eigentlich genug Energie zur Verfügung steht.

Anders als Glucose kann Fructose nur von den Zellen einiger weniger Organe verarbeitet werden, hauptsächlich durch die Leber. Diese ist aber nur begrenzt aufnahmefähig. Gelangen höhere Fructosemengen in die Leber, werden sie dort in Fettsäuren umgewandelt. Sie lagern sich entweder an der Leber an oder werden als Fettsäuren ins Blut ausgeschwemmt (siehe dazu Seite 15).

Auswirkungen des Zuckerkonsums

Bei einem geringen Zuckerkonsum und einer ansonsten ausgewogenen Ernährung werden die negativen Auswirkungen des Zuckers weitestgehend aufgehoben. Zusammen mit ausreichend Bewegung und einem gesunden Lebensstil haben Fettdepots und zuckerinduzierte Krankheiten kaum eine Chance. Zu viel Zucker hat aber nicht nur für unseren Taillenumfang negative Folgen.

Zucker wirkt im Gehirn auf das sogenannte Belohnungssystem. Gelangt Zucker in den Organismus, wird der Botenstoff Dopamin freigesetzt, der ein Wohlbefinden auslöst, und in der Folge den Wunsch, dieses Glückserlebnis zu wiederholen. Sprich: Mehr Süßes zu essen. Doch mit wiederholter Zuckerzufuhr werden die Rezeptoren zunehmend unempfindlicher für Dopamin, sodass es immer höhere Zuckermengen braucht, um das gleiche Glücksgefühl zu empfinden. Übrigens: Drogen wie Nikotin oder Heroin lösen einen ähnlichen Effekt aus. Zuckersucht ist daher nicht nur ein Wort, und die Entwöhnung gleicht mitunter einem richtigen Entzug.

Zu viel Zucker macht dick und krank

Übergewicht ist die sichtbarste Folge eines hohen Zuckerkonsums. Zuckerhaltige Lebensmittel, vor allem in Kombination mit Weißmehl und Fetten, liefern wesentlich mehr Energie, als wir in der Regel abbauen können. Besonders gefährlich ist das um die Eingeweide eingelagerte Bauchfett, das ab einer gewissen Menge hochgefährlich wird, denn es setzt Fettsäuren frei und sondert entzündungsfördernde Botenstoffe ab, wodurch sich der Blutdruck erhöhen und die Blutfettwerte ungünstig beeinflusst werden können. Übergewicht ist die Vorstufe zur Adipositas, also Fettleibigkeit. Diese wird als chronische Krankheit betrachtet.
Eine Folge des Übergewichts kann eine Insulinresistenz bzw. eine Erkrankung an Typ-2-Diabetes sein. Diabetes und Übergewicht sind zwei wichtige Faktoren für das sogenannte Metabolische Syndrom, einer der größten Risikofaktoren für Herz-Kreislauf-Erkrankungen. Diese wiederum sind die häufigste Todesursache in den Industrienationen.

Fructose wird in großen Teilen von der Leber verwertet, wo sie zügig in Fett umgewandelt wird. Bei zu großen Zucker- bzw. Fructosemengen besteht die Gefahr einer Fettleber, die dann in ihrer Funktionsweise stark gestört werden kann, mit der Folge von Entzündungen oder Zirrhosen.

Ein hoher Zuckerkonsum verursacht außerdem Mikroentzündungen im Körper, sogenannten inflammatorischen Stress. Dieser kann zu einer schnelleren Hautalterung führen und Akne und Hauterkrankungen hervorrufen.

Darüber hinaus besteht der Verdacht, dass Krebszellen Fructose zur Zellteilung nutzen. Nach einer Studie der University of California in Los Angeles kann Fructose das Wachstum von Bauchspeicheldrüsenkrebs begünstigen.

Zucker macht die Zähne sauer

Unstrittig ist die negative Wirkung zuckerhaltiger Speisen auf die Zähne. Die Mikroorganismen, die den Zahn umgeben, wandeln vor allem kurzkettige Kohlenhydrate in Säuren um, die den Zahnschmelz angreifen und zu Karies führen können. Je länger Nahrungsreste im Mund bleiben und je häufiger zuckerhaltige Speisen und Getränke verzehrt werden, desto mehr Säure kann produziert werden. Besonders problematisch sind weiche, zähe Lebensmittel, die lange in den Zahnzwischenräumen verbleiben, wie z. B. Kaubonbons, Trockenfrüchte oder Müsliriegel. Natürlich spielt eine gute Mundhygiene eine große Rolle, allerdings ist es kaum realistisch, sich nach jeder noch so kleinen Zwischenmahlzeit die Zähne zu putzen. Umso besser, wenn die verzehrten Lebensmittel zuckerarm sind und nur ein geringes kariogenes Potential haben, wie vor allem Gemüse.

Zucker und Zuckerarten

Zucker ist nicht gleich Zucker – oder doch? Da immer mehr Verbraucher auf zuckerarme Produkte achten, wird Saccharose von der Lebensmittelindustrie gern durch andere Zuckerarten ersetzt: Häufig anzutreffen sind Glukose-Fruktose-Sirup, Invertzuckersirup, Dextrose, Maltose oder Süßmolkenpulver. Nicht alle Zuckerarten sind per se schlecht. Im Endeffekt aber ist es Augenwischerei, denn sie dienen dazu, das Produkt zu süßen und den Gesamtzuckergehalt auf einem hohen Level zu halten.

Es gibt über 70 verschiedene Bezeichnungen für Zuckerarten. Dies sind nur einige:

■ Begriffe, die auf -ose enden, deuten auf Zucker hin, z. B. Saccharose, Fructose, Dextrose, Maltose

■ Fruchtsüße oder Most: Dies kann sowohl auf zugesetzte pure Fructose hinweisen als auch auf hochverarbeitete und stark zuckerhaltige Konzentrate aus z. B. Trauben oder Äpfeln

■ Sirupe, z. B. Glucose-Fructose-Sirup, Fructose-Glucose-Sirup, Fructosesirup, Maissirup, Rübensirup, Karamellsirup

■ Malzprodukte, z. B. Gerstenmalzextrakt, Maltose oder Malzextrakt

■ Milchsüße, z. B. Milchzucker, Süßmolkenpulver, Magermilchpulver

■ Natürliche Süßmittel, z. B. Ahornsirup, Agavendicksaft, Honig

Besonders beliebt in der Lebensmittelindustrie sind Sirupe, die kostengünstig aus der Stärke von Mais, Kartoffeln oder Getreide gewonnen werden können. Je höher der Fructose-Anteil in diesen Sirupen ist, desto stärker süßen sie. Fructose-Glucose-Sirup enthält mindestens 50 % Fructose. In den USA wird „High Fructose Corn Syrup" (HFCS) vorrangig aus billigem Gen-Mais hergestellt. Bislang gab es in Europa strenge Quoten für HFCS. Ab Oktober 2017 ist dieser Sirup unter dem Namen Isoglucose mit einer Quote von 50 % zugelassen.
Besonders problematisch an diesen Sirupen ist, dass sie kein Sättigungsgefühl auslösen, aber jede Menge Kalorien liefern. Fructose wird nur schwach insulinabhängig verstoffwechselt und in der Leber zu Fett abgebaut. Diese Sirupe machen, kurz gesagt, nicht satt, aber dick.
Natürliche Alternativen finden sich vor allem in Honig oder Ahornsirup. Sie bestehen natürlich auch überwiegend aus Zuckermolekülen, enthalten aber darüber hinaus auch noch einige Mineralien und Spurenelemente. Agavendicksaft enthält sehr hohe Mengen an freier Fructose und ist für eine zuckerarme Ernährung weniger geeignet.
In kristalliner Form sind besonders Kokosblütenzucker und Vollrohrzucker beliebt, nicht zuletzt wegen ihres karamelligen Geschmacks. Beide Zuckerarten werden gewonnen, indem der Saft der Kokosblüte bzw. des Zuckerrohrs ausgepresst, ge-

trocknet und vermahlen wird. Sie sind weitestgehend unverarbeitet und werden nicht chemisch behandelt.

Süßstoffe und Zuckeralkohole

Stevia hat in den letzten Jahren einen regelrechten Hype als kalorienfreier Zuckerersatz erlebt, da die aus den Blättern gewonnenen Steviolglycoside eine extreme Süßkraft aufweisen. Leider sind sie schlecht zu dosieren und haben einen intensiven, lakritzartigen Nachgeschmack. Frische oder getrocknete und gemahlene Steviablätter sind tatsächlich ein natürlicher Zuckerersatz. Steviaprodukte, die sich in den Regalen des Supermarkts befinden, sind dagegen meist stark chemisch behandelte Produkte, die in der Regel mit anderen Zuckerarten gestreckt werden, um ihnen ein gut dosierbares Volumen zu verleihen. Sie zählen zu den Süßstoffen.

Die sogenannten Zuckeralkohole, v. a. Erythrit und Xylit, sind zwar natürlichen Ursprungs, müssen aber ebenfalls über aufwendige chemische Verfahren aus z. B. Mais, Früchten oder Birkenrinde gewonnen werden. Ihnen wird eine zahnfreundliche Wirkung zugeschrieben, außerdem werden sie weitgehend insulinunabhängig verstoffwechselt.

Zuckeralternativen natürlichen Ursprungs sollten sparsam verwendet werden, in kleinen Mengen genossen sind sie aber kein großes Problem. Chemische Süßstoffe wie zum Beispiel Aspartam oder Acesulfam-K werden immer wieder mit gesundheitsschädlichen Folgen in Verbindung gebracht. Die Forschungslage ist hier aber nicht eindeutig, sodass ich ihnen mit Vorsicht begegne.

Zuckerfallen vermeiden

Zucker als Bestandteil von frischem Obst oder in Form komplexer Kohlenhydrate (Mehrfachzucker) in Gemüse sowie in Vollkorngetreide und Hülsenfrüchten ist nicht das Problem – im Gegenteil, bei diesen Lebensmitteln können Sie ohne Bedenken zugreifen. Ganz anders sieht es mit industriell verarbeiteten Lebensmitteln aus. In fast allen Produkten steckt in irgendeiner Art Zucker. Lesen Sie das Etikett: In der Zutatenliste muss aufgelistet sein, was im Produkt enthalten ist, mengenmäßig absteigend sortiert. Steht Zucker also an einer der vorderen Stellen, besteht das Produkt zu einem großen Teil daraus. Denken Sie aber daran, dass sich Zucker hinter den unterschiedlichsten Bezeichnungen verstecken kann (siehe Seite 16).

Wo liegen die Zuckerfallen?

- Schokolade und Süßes: Sorten wie Vollmilch- oder weiße Schokolade sind mit ca. 52 g bzw. 63 g extrem zuckerhaltig. Greifen Sie lieber zu dunkler Schokolade mit einem Kakaogehalt von mindestens 70 %. Gummibärchen und Bonbons bestehen fast ausschließlich aus Zucker, Gelatine und Aroma. Lassen Sie diese komplett weg – oder portionieren Sie konsequent: Pro Tag höchstens so viel, wie in Ihre Handfläche passt. Beste Alternative: Frisches Obst statt Schoki!

- Knabbereien: Viele Chipssorten und gewürzte Nüsse enthalten Zucker. Zusammen mit reichlich Fett führt das dazu, dass Sie immer weiter in die Tüte greifen – aufhören ist nahezu unmöglich. Nehmen Sie Chips, die lediglich aus Kartoffeln, Salz und Öl bestehen, und kaufen Sie möglichst kleine Tüten. Eine bessere Alternative ist eine Handvoll ungewürzter Nüsse oder Mandeln.

- Salatsaucen, Grillsaucen und Ketchup: Eine klassische Zuckerfalle! Fertigdressings enthalten je nach Sorte bis zu 20 % Zucker. Mixen Sie besser selbst ein schnelles Dressing aus Essig und Öl und würzen Sie es mit frischen oder getrockneten Kräutern oder etwas Senf. Grillsaucen und Ketchup enthalten ebenso bis zu 30 % Zucker. Wenn Sie den Aufwand des Selberkochens scheuen, setzen Sie die Saucen nur sparsam ein.

- Fertige Müslis oder Frühstücksflocken: Sie sind reich an Zucker. Knusper- oder Schokomüslis enthalten genau wie Früchtemüslis bis zu 25 % Zucker. Frühstückscerealien sind nur selten ungesüßt, vor allem Flocken, die für Kinder vermarktet werden, enthalten bis zu 45 % Zucker. Mischen Sie ihr Müsli besser selbst aus Flocken und Kernen. Wenn Sie auf den Crunch nicht verzichten möchten: Suchen Sie im Bio-Regal ungesüßte Cornflakes.

- Milchprodukte: Viele sind hochverarbeitet und übersüßt. Ein durchschnittlicher Erdbeerjoghurt enthält eine Erdbeere pro 150 g, dafür aber 12 bis 15 g zugesetzten Zucker. Kinder-Quarkspeisen enthalten nicht nur „Gutes aus Milch", sondern vor allem Zucker und Aromen. Stellen Sie Ihren Fruchtjoghurt lieber selbst mit Naturjogurt, Früchten und gemahlener Vanille her.

■ Getränke: Softdrinks sind extrem gezuckert. Ein 250-ml-Glas Cola enthält etwa 27 g Zucker, Orangen-Limo etwa 25 g. Aber auch Fruchtsäfte sind im Prinzip Zuckerwasser: Auch ein Glas Apfel- oder Orangensaft enthalten etwa 25 g Zucker. Als Alternative bieten sich stark verdünnte Fruchtsaftschorle, ungesüßter Tee oder idealerweise pures Wasser an.

■ Tiefkühl- oder Mikrowellengerichte: Diese meist hochverarbeiteten Produkte haben geschmacklich kaum etwas mit dem frisch gekochten Original zu tun, und vor allem enthalten sie oft viel Zucker. Ungewürzte TK-Gemüsemischungen sind aber ein absoluter Gewinn für den Vorrat! Daraus lassen sich schnell und unkompliziert leckere Gerichte kochen.

■ Rotkohl, Krautsalat und eingelegtes Gemüse: Zucker wird hier u. a. als Konservierungsmittel eingesetzt, aber natürlich auch als Geschmacksverstärker. Suchen Sie zumindest nach der Sorte mit dem geringsten Zuckergehalt und verzehren Sie lieber weniger davon.

In den meisten Fällen hilft tatsächlich – neben dem genauen Blick auf Zutaten und Nährwerte – nur der Gang in die Küche. Kochen, backen und rühren Sie so viel wie möglich selbst und verwenden Sie dabei Zucker und Süßmittel nur sparsam.

Kochen und backen mit wenig Zucker

Zucker hat vor allem beim Backen vielfältige Funktionen: Er süßt, gibt dem Gebäck Volumen und Saftigkeit, sorgt für die Bräunung und gibt Keksen ihren Biss. Auf Zucker zu verzichten, scheint da nahezu unmöglich. Aber es geht!

Grundsätzlich können Sie die Zuckermenge der meisten Rezepte ohne weiteres reduzieren. Meine Faustregel: Der Zuckeranteil in Standardrezepten kann immer mindestens um ein Viertel, oft um ein Drittel gesenkt werden, in amerikanischen oder britischen Rezepten sogar um die Hälfte.
Ersetzen Sie weißen Zucker durch gesündere Alternativen und verwenden Sie maßvoll Honig, Ahornsirup oder Kokosblütenzucker. Verwenden Sie zum Süßen auch Obst und Gemüse, wie zum Beispiel geriebene Äpfel, das pürierte Fruchtfleisch von Orangen oder Bananen, zerkleinerte Ananas, aber auch geriebene Möhren, Kürbis oder gestampfte Süßkartoffel.
Verwenden Sie süß schmeckende Gewürze wie Vanille, Zimt, gerieben Orangenschale oder, wenn Sie es mögen, Anis. Vor allem Vanille lässt Speisen süßer schmecken. Gemahlene Vanille ist eine tolle und vielseitig verwendbare Zutat!
Kuchenteig ohne Zucker bleibt heller als herkömmlicher Kuchenteig. Achten Sie daher auf die Backzeit und machen Sie unbedingt eine Stäbchenprobe, am besten schon fünf Minuten vor Ende der angegebenen Backzeit.

Balancieren Sie aus: Servieren Sie den moderat gesüßten Kuchen zum Beispiel mit einem Obstkompott, einer mit Vanille aromatisierten Schlagsahne oder verzieren Sie ihn mit einer dunklen Schokoladenglasur. So gleicht sich das Geschmacksbild aus.

Ändern Sie Ihre Erwartungen: Ein Kuchen nach Omas bewährtem Rezept schmeckt so wie er schmeckt, weil eben ganz bestimmte Zutaten verwendet werden. Wenn Sie Zutaten ändern oder weglassen, wie beispielsweise Zucker, wird das Gebäck wahrscheinlich eine andere Textur erhalten – nicht unbedingt eine schlechtere, aber eben doch eine andere. Ähnliches gilt für Vollkornmehl: Aufgrund der Beschaffenheit dieses Mehls wird das Ergebnis ein anderes sein, als bei einem mit fein vermahlenem Weißmehl gebackenem Kuchen.

Gleiches gilt für Desserts: Reduzieren Sie die angegebene Zuckermenge und ersetzen Sie Weißzucker durch Alternativen. Gerade bei Desserts ist Honig oft eine gute Wahl. Da er süßer schmeckt als Zucker, können Sie wesentlich weniger verwenden.

Beim Kochen fällt ein Löffelchen Zucker kaum ins Gewicht, aber probieren Sie es einfach mal ohne. Gemüse karamellisiert übrigens auch ohne zugesetzten Zucker, dafür sorgt bei vielen Sorten (z. B. Zwiebeln oder Tomaten) der fruchteigenen Zucker. Lassen Sie es bei kleiner Hitze länger schmoren.

Was kann ich essen? Geeignete Lebensmittel

Falls alles, was Sie bislang gelesen haben, bei Ihnen vor allem die Frage aufwirft, was Sie denn überhaupt noch essen dürfen, dann seien Sie bitte beruhigt: Es gibt eine unglaubliche Vielfalt an Lebensmitteln, die zuckerfrei oder zumindest zuckerarm sind, gut schmecken und die wunderbar in ein gesundes Ernährungskonzept passen:

- Alle Arten von Gemüse: „Grünzeug" ist ballaststoffreich, enthält viele wichtige Vitamine und Mineralien und schmeckt richtig gut. Nichts ist so vielfältig einsetzbar wie Gemüse! Frische Kräuter runden Ihr Gericht ab.

- Obst gehört auch zu den gesunden Lebensmitteln – mit Einschränkungen, z. B. während der Zucker-Entwöhnungsphase. Essen Sie zurückhaltend fructosereiche Früchte wie Bananen, Birnen oder Äpfel und essen Sie nur selten Trockenobst.

- Vollkornprodukte enthalten alle wichtigen Inhaltsstoffe des Getreides, daher sollten Sie auf Vollkornbrot, -nudeln oder -reis umsteigen. Brot sollte keinen zugesetzten Zucker enthalten.

- Hülsenfrüchte sind eine gute Quelle für Proteine und Ballaststoffe und bereichern nicht nur Salate. Sie sind eine tolle Abwechslung zu klassischen Beilagen.

- Ungesüßte und unverarbeitete Milchprodukte liefern Kalzium und Protein. Meiden Sie fertige Fruchtjoghurts, Quarkspeisen oder Desserts, da diese viel Zucker enthalten.

- Unverarbeitete Fleisch- und Fischprodukte sind genau wie Eier wertvolle Lebensmittel, die Ihren Speiseplan bereichern können, ihn aber nicht dominieren sollten. Wurstwaren enthalten meist eine oder mehrere Zuckerarten – essen Sie sie nur sparsam.

- Tiefkühlprodukte sind nicht immer schlecht! Ungewürzte und ungezuckerte Gemüse- und Obstmischungen sind absolut in Ordnung.

- Wasser und ungesüßter Kräuter- oder Früchtetee ist ein guter Begleiter für den Tag. Aber auch zwei bis drei Tassen Kaffee oder schwarzer Tee sind, natürlich ungesüßt, völlig in Ordnung.

Oft wird gefragt, welcher konkrete Zuckergehalt bei Lebensmitteln erlaubt sei. Das kann man aber nicht pauschal beantworten, denn meist kommt es auch darauf an, wieviel Sie von einem zuckerhaltigen Produkt verzehren. Als Beispiel: Die Nährwertangabe einer Currypaste listet 9 % Zucker auf. Benötigt man zwei Teelöffel, also etwa zehn Gramm der Paste, ergibt das lediglich ein knappes Gramm Zucker für zwei oder mehr Portionen und fällt nicht weiter ins Gewicht.. Schnell mehr wird es natürlich bei Saucen wie dem stark zuckerhaltigen Ketchup oder der Barbecue-Sauce. Hier sind rasch einige Esslöffel zu den Pommes oder zum Grillwürstchen verzehrt. Anstatt sich bestimmte Lebensmittel zu verbieten, achten Sie lieber darauf, dass Ihr Gesamtverzehr im gesundheitsverträglichen Rahmen bleibt (vgl. die WHO-Empfehlungen, Seite 11).

Letztlich gibt es drei Regeln, die Sie beherzigen sollten: Benutzen Sie keinen oder nur sehr wenig Zucker. Lesen Sie immer die Angaben auf der Verpackung und kaufen Sie nichts oder nur selten etwas, was Zucker enthält. Einfacher gesagt als getan? Das 7-Schritte-Programm zeigt Ihnen ab Seite 24, wie es geht.

Das Clean-Eating-Konzept

Wenn Sie Ihren Zuckerkonsum reduzieren, fallen automatisch die meisten ungesunden Lebensmittel weg. Aber auch dann bleiben immer noch Lebensmittel, die zwar zuckerfrei, aber trotzdem nicht sonderlich gesund sind. Vorrangig sind dies industriell verarbeitete Produkte, Weißmehl-Produkte und schlechte Fette. Hier kommt das Clean-Eating-Konzept ins Spiel.
Beim Clean Eating ernähren Sie sich so natürlich wie möglich, mit frischen, ausgewogenen Zutaten, frei von verarbeiteten Lebensmitteln, die mit Konservierungsstoffen und sonstiger Lebensmittelchemie behandelt wurden.

Das Konzept fußt auf den Grundlagen der Vollwertkost, ist aber flexibler, weniger dogmatisch und hat mit der angestaubten, verzichtsreichen „Körnerkost" nicht viel zu tun. Im Gegenteil! Mit Clean Eating schöpfen Sie aus dem Vollen, denn alle natürlichen und weitestgehend unverarbeiteten Lebensmittel bereichern Ihren Speiseplan. Das Konzept baut auf einer Handvoll Richtlinien auf, die Sie mehr oder weniger eng auslegen können:

■ Essen Sie natürlich und ausgewogen: Unverarbeitete Lebensmittel wie möglichst saisonales Obst und Gemüse, Vollkornprodukte, Nüsse, Hülsenfrüchte und hochwertige Fette sind das Herzstück der Ernährung. Fastfood und Junkfood werden gemieden, genau wie zu süße und zu salzige Speisen.

■ Frühstücken Sie für einen energiegeladenen Start in den Tag. Gut gesättigt entgehen Sie auch den Verlockungen von Croissants & Co.

■ Essen Sie fünf kleinere Mahlzeiten am Tag. Gestalten Sie die Hauptmahlzeiten nicht zu üppig und essen Sie vormittags und nachmittags jeweils einen kleinen, gesunden Snack. Essen Sie langsam und in Ruhe. Achten Sie unbedingt auf Ihr Sättigungsgefühl.

■ Trinken Sie ausreichend. Ohne genügende Flüssigkeitszufuhr sind wir nicht wirklich leistungsfähig, Kopfschmerzen und Schlappheit sind mögliche Folgen. Trinken Sie daher etwa zwei bis drei Liter Wasser oder ungesüßten Kräutertee am Tag. Alkohol und Softdrinks sind nicht geeignet, um den Durst zu löschen!

■ Lesen Sie immer die Etiketten: Nur so können Sie Produkte mit ungesunden Zutaten enttarnen. Enthält ein Produkt mehr als fünf Zutaten und womöglich solche, die Sie kaum aussprechen können, handelt es sich selten um ein gesundes Lebensmittel.

Der Vollwertkost wird oft nachgesagt, dass sie fade und völlig spaßfrei sei. Das stimmt so natürlich nicht, gerade beim Clean Eating spielt die Freude am Essen eine große Rolle. Daher hat auch Süßes seinen Platz. Im Zusammenhang mit dem Konzept liest man oft von der sogenannten 80/20-Regel: Wenn 80 % der Ernährung gesund, ausgewogen und „clean" sind, dürfen die restlichen 20 % auch aus einer Näscherei, Knabberkram oder einem Dessert bestehen. Jedoch sind 20 % wirklich viel, weshalb meine persönliche Auslegung diese ist: Wenn die Süßigkeiten ins Clean-Eating-Konzept passen, also auch vollwertig und zuckerarm sind, dann dürfen diese gern genossen werden. Nach Abschluss der Zuckerentwöhnungsphase steht dem nichts entgegen!

Sie sehen: Eine zuckerreduzierte Ernährung und das Clean-Eating-Konzept sind die idealen Partner in Sachen gesunder Ernährung. Und wenn Sie schon einmal dabei sind, warum dann nicht gleich ganz umstellen?

Das 7-Schritte-Programm

Nun geht es los: Auf den folgenden Seiten finden Sie das Programm zur „Zuckerentwöhnung". Aber keine Panik, wir arbeiten uns Schritt für Schritt vor! Das Ziel ist ambitioniert, doch das Tempo bestimmen Sie. Es geht vor allem um Ihr persönliches Wohlbefinden: Die zuckerfreie Ernährung ist Ihr Schlüssel zu mehr Gesundheit, besserer Konzentrationsfähigkeit und Fitness, erholsamerem Schlaf und natürlich auch Gewichtsverlust. Mit dem 7-Schritte-Programm entwickeln Sie ein neues Empfinden für Süße. Daher werden Sie Schokolade und übersüßte Lebensmittel bald nicht mehr vermissen!

Schritt 1:
Langsam aussteigen

hr persönliches „Projekt Zuckerfrei" startet heute! Mit diesem ersten Schritt stellen Sie die Weichen für die nächsten Wochen und Monate – und wer weiß, vielleicht sogar für viel länger? Der erste Schritt ist in zweierlei Hinsicht wichtig, denn Sie räumen sozusagen doppelt auf: zuerst im Kopf, dann im Vorratsschrank.

Aufräumen im Kopf

Überlegen Sie, wie sich Ihr persönlicher Zuckerkonsum zusammensetzt, und seien Sie dabei unbedingt ehrlich zu sich selbst. Besteht er nur aus dem leicht identifizierbaren Zucker in Form von Haushaltszucker, Schokolade oder Gummibärchen? Was ist mit verstecktem Zucker in Fruchtjoghurts, in Fertig-Müslis oder in den eingelegten Gurken? Beziehen Sie neben den Snacks die Hauptmahlzeiten mit ein, also beispielsweise das Frühstücksbrötchen mit Konfitüre oder Schokocreme, aber auch Ketchup oder sonstige Fertigsaucen zum Mittag- oder Abendessen. Und vergessen Sie die Getränke nicht! Vergleichen Sie noch einmal mit der Übersicht auf den Seiten 20 und 21.

Dann überlegen Sie, bei welchen Gelegenheiten Sie zu gezuckerten Lebensmitteln greifen. Sind Sie der Typ „Stressesser" oder eher jemand, der bei Langeweile nascht? Brauchen Sie einen süßen Snack zu Ihrem Kaffee oder knabbern Sie beim Fernsehen Chips und Schokolade, ohne dass Sie wirklich Hunger haben?

Erstellen Sie sich zur Unterstützung eine Liste mit zwei Spalten: In die linke Spalte schreiben Sie alle zuckerhaltigen Lebensmittel, die Sie verzehren. In die rechte Spalte schreiben Sie auf, zu welchen Gelegenheiten Sie zu Süßem und Zuckrigem greifen.

Wenn Sie der Umfang Ihrer Liste erschreckt, dann sehen Sie dies als heilsamen Schock, aus dem Sie eine Extraportion Motivation ziehen. Außerdem haben Sie damit auch eine gute Übersicht all der Punkte, an denen Sie ansetzen können! Und vergessen Sie nicht: Wir leben in einem Umfeld, in dem es sehr viel einfacher ist, ungesunde, völlig übersüßte Snacks zu kaufen, als gesunde und vollwertige Lebensmittel.

Aufräumen im Vorratsschrank

Getreu dem Motto: „Was nicht da ist, kann auch nicht gegessen werden" gehen Sie dann Ihren Kühlschrank und die Vorratsschränke durch. Nehmen Sie jedes

Produkt genau unter die Lupe und lesen Sie die Zutatenliste (siehe S. 16/17). Enthält es keinen Zucker, darf es bleiben. Ist Zucker in der Liste zu finden, muss es leider gehen.

Das sind zum Beispiel folgende Produkte:

- Schokolade, Pralinen, Konfekt, Gummibärchen, Bonbons, Kuchen, Kekse, Müsliriegel
- Konfitüren, Fruchtaufstriche, Schokocreme, Fruchtjoghurt oder -quark, fertige Müslimischungen, Cornflakes und Frühstücksflocken
- Ketchup, Grillsaucen, Mayonnaise, Remouladensauce, Würzsaucen (z. B. Sweet Chili Sauce)
- Chips, herzhafte Knabbereien, Tiefkühl- und Fertiggerichte
- Softdrinks, gesüßter Eistee und Eiskaffee, gesüßte alkoholische Getränke (z. B. Cocktails oder Liköre)

Kurzum: Alles, was industriell hergestellt worden ist und in irgendeiner Art Zucker enthält, muss seinen Abschied nehmen. Natürlich sollten Sie auch die Zuckerpackungen aussortieren und die Zuckerdosen leeren. Zunächst bleiben können ungezuckerte Trockenfrüchte und natürliche Süßmittel wie Honig, Reissirup oder Ahornsirup. Diese können Sie jetzt noch verwenden – aber bitte sehr sparsam.

Was kann ich essen?

Ihr Kühlschrank und Ihre Vorratsschänke sehen jetzt wahrscheinlich recht geplündert aus, und Sie fragen sich: „Was kann ich überhaupt noch essen?!" Kochen Sie in den ersten Tagen gerne schon Rezepte aus diesem Buch, aber beziehen Sie ruhig auch gewohnte Gerichte ein, allerdings natürlich solche, in denen keine gesüßten Zutaten enthalten sind.

Reduzieren oder streichen Sie den Zucker, den Sie normalerweise in Ihren Kaffee oder Tee geben. Wenn dieser Ihnen dann nicht mehr schmeckt, versuchen Sie es mit einer Kaffee-Auszeit und trinken sie stattdessen Wasser oder ungesüßten Kräuter- oder Früchtetee. Die Aussage „Aber das schmeckt mir nicht!" lasse ich übrigens nicht gelten: Es ist und bleibt alles eine Frage der Gewöhnung!

Ersetzen Sie Ihre üblichen süßen Snacks z. B. durch Joghurt oder Quark mit frischen Früchten oder Obstspalten mit etwas Nussmus. Süßen Sie diese, wenn überhaupt, mit einem Klecks Honig und verwenden Sie süßende Gewürze wie Vanille oder Zimt. Feine Ideen für Ihr neues Frühstück finden Sie ab Seite 54.

Nutzen Sie die Motivation des Neustarts, aber lassen Sie es ruhig angehen und reduzieren Sie dort Zucker, wo es Ihnen leicht fällt. Im ersten Schritt geht es vor allem um das Aufräumen und Entrümpeln. Im zweiten Schritt ziehen wir das Tempo an!

Dauer: Planen Sie drei bis vier Tage für diesen Schritt ein. Wenn Sie eher der „Alles-oder-nichts"-Typ sind, dann können Sie natürlich die Schritte 1 und 2 zusammenfassen und zügig zu Schritt 3 übergehen.

Nussmus-Sandwich mit Blaubeeren

Zubereitungszeit: 10 Minuten
Für 2 Portionen

2 Scheiben Vollkorn- oder Sauerteigbrot (z. B. Rezept Seite 75)

1 EL Nussmus, z. B. Erdnuss- oder Cashewmus
50 g Blaubeeren, frisch oder TK (aufgetaut)

■ Das Brot toasten und kurz abkühlen lassen. Die Blaubeeren waschen und trocknen, große Beeren halbieren oder mit der Gabel leicht zerdrücken.

■ Beide Scheiben mit dem Nussmus bestreichen. Eine Scheibe Brot mit den Blaubeeren belegen und die andere Scheibe darauflegen. Fest zusammendrücken und halbieren.

Varianten
Für ein **süßeres Sandwich** belegen Sie das Brot zusätzlich mit einigen Bananenscheiben.

Aromatisiertes Wasser

Zubereitungszeit: 5 Minuten
Zeit zum Durchziehen:
30 Minuten

Für 500 ml

2 Scheiben Gurke
1 Scheibe Bio-Zitrone
3 Scheiben Ingwer, geschält
500 ml stilles Wasser oder Sprudelwasser

■ Die Gurken-, Zitronen- und Ingwerscheiben in einen Krug geben und mit dem Wasser auffüllen. 30 Minuten ziehen lassen.

Varianten
Frisch und lecker schmeckt auch die Kombination aus 3 Scheiben Gurke und 1 Zweig Basilikum. Für ein **fruchtiges Wasser** geben Sie einige Scheiben Erdbeeren und 1 Zweig Minze in die Karaffe.

Schritt 2: Alles muss raus

In Schritt 1 haben Sie erfolgreich aufgeräumt und Lebensmittel mit verstecktem Zucker enttarnt. Sie wissen nun, wo sich Ihre persönlichen Zuckerfallen befinden. Apropos: Dieses geheime Fach, in dem sich ganz hinten in der Ecke eine Tafel Notfall-Schokolade verbirgt – ist das auch leer?

Tschüss, Zucker!

Jetzt geht es ans Eingemachte: Den gesamten noch verwendeten Zucker sollten Sie in dieser Phase streichen. Sie können dies natürlich schrittweise tun, wenn es Ihnen leichter fällt. Das Ziel ist aber klar: Am Ende von Schritt 2 darf sich kein zugesetzter Zucker mehr in Ihrer Ernährung finden. Aus diesem Grund müssen auch Honig, Sirupe und Dicksäfte gehen: Sie enthalten zwar einige Mineralien, aber eben auch viel Zucker (siehe S. 16). Ebenso sollten Sie auf Lebensmittel verzichten, die stark zuckerhaltig sind: Trockenfrüchte sind durchaus ballaststoffreich, dennoch entzieht ihnen der Trocknungsprozess das Wasser, wodurch viel konzentrierter Zucker zurückbleibt. Deswegen sind sie kein geeignetes Lebensmittel in der Phase der „Entzuckerung".

Mahlzeiten planen

Um nicht in gewohnte Muster zu verfallen, müssen Sie Ihrer Ernährung in den nächsten Wochen mehr Aufmerksamkeit schenken als bisher. Dabei kommen der Planung und Vorbereitung eine wichtige Rolle zu.

Setzen Sie sich z. B. am Sonntagabend hin und planen Sie die Mahlzeiten der vor Ihnen liegenden Woche. Am Anfang sind auch nur zwei oder drei Tage völlig okay. Mit einem Wochenplan wissen Sie genau, was Sie an welchem Tag kochen wollen, und geraten nicht in Gefahr, ziellos durch den Supermarkt zu streifen und dann womöglich zur Tiefkühlpizza zu greifen. Außerdem reduziert sich die Einkaufszeit ganz wesentlich: Mit einem oder zwei größeren Einkäufen sind Sie gut gerüstet für die kommenden Tage. So bleibt mehr Zeit zum Kochen.
Ihr Wochenplan sollte alle Mahlzeiten umfassen, die Sie selbst zubereiten, zumindest Frühstück, Mittag- und Abendessen. Idealerweise planen Sie auch noch zwei gesunde, zuckerfreie Snacks ein und bereiten diese vor.

Gerade am Anfang sind häufige Restaurantbesuche keine gute Idee, denn dort finden sich zuhauf Zuckerfallen. Machen Sie vorläufig auch einen Bogen um die Kantine und deren Currywurst und bereiten Sie so viele Mahlzeiten wie möglich selbst zu.

Smarter Snacken

Mit ausgewogenen Hauptmahlzeiten fühlen Sie sich lange Zeit satt und zufrieden. Die große Zuckergefahr lauert aber oft in den Kleinigkeiten, die wir nebenher essen: Schokoriegel, Kekse, Knabbereien... Besser und nachhaltiger sättigen eiweißreiche Snacks, aber auch fetthaltige Lebensmittel sind eine gute Option: Denn sowohl Eiweiß als auch Fett werden sehr viel langsamer im Körper abgebaut als der schnell aufgespaltene Zucker. Durch die hohe Energiedichte sättigt beides außerdem länger als Zucker. Darüber hinaus werden diese Nährstoffe weitestgehend insulinunabhängig verarbeitet und jagen Ihren Blutzucker nicht auf eine wilde Achterbahnfahrt.

Auch jetzt bleibt Naturjoghurt mit frischen Früchten ein verlässlicher Partner. Lassen Sie aber nun den Honig weg. Wenn Sie den Joghurt dafür mit einem Teelöffel Chiasamen oder geschroteten Leinsamen bestreuen, haben Sie auch gleich noch ein paar hochwertige Ballaststoffe auf dem Teller. Hüttenkäse ist eine tolle Option und schmeckt sowohl mit Früchten als auch pikant gewürzt zu Gemüsestückchen. Bereiten Sie eine Dose mit Gemüsesticks vor, sodass Sie gleich zugreifen können. Käsewürfel in einer kleinen Vorratsbox sind ein prima Snack, den man gut im Kühlschrank der Büroküche unterbringen kann. Naschen Sie ein Schälchen voll Himbeeren oder ein paar Streifen Papaya, wenn der Süßhunger kommt. Und der schnellste Snack der Welt? Eine kleine Handvoll Nüsse.

Was Sie beim Snacken bedenken sollten: Auch wenn ein paar Nüsse oder Käsewürfel schnell geknabbert sind, braucht der Körper eine Weile, um das Sättigungssignal an das Gehirn zu senden. Also geben Sie sich Zeit und warten Sie einige Minuten ab, bevor Sie wieder in die Tüte greifen.

Das Ziel ist, dass Sie am Ende dieser Phase bewusst Zuckerfallen erkennen und möglichst gut umschiffen können. Dass Ihnen dies wahrscheinlich nicht leichtfällt, ist völlig normal! Immerhin kämpfen Sie hier gegen eine Angewohnheit an, die Sie lange Jahre begleitet hat.

Entzugserscheinungen

Entzugserscheinungen wie Kopfschmerzen, Müdigkeit und Schlappheit können Ihnen nun das Leben schwermachen. Gehen Sie nach Möglichkeit viel raus an die frische Luft, treiben Sie Sport oder lenken Sie sich mit Dingen ab, die Ihnen guttun: Ein Saunabesuch, ein warmes Bad mit extraviel Schaum, ein Spaziergang mit einem lieben Menschen. Trinken Sie ausreichend. Legen Sie einen Mittagsschlaf ein oder lesen Sie das Buch, das schon so lange auf dem Nachttisch liegt. Seien Sie gut zu sich selbst – Ihr Körper arbeitet gerade sehr hart.

Dauer: Planen Sie für Schritt 2 etwa sieben bis zehn Tage ein.

Crostini mit Hüttenkäse und Erbsen

Zubereitungszeit: 15 Minuten
Für 2 Portionen

50 g Erbsen (TK)
100 g Hüttenkäse
1 TL natives Olivenöl extra
Salz, Pfeffer aus der Mühle
4 kleine Scheiben Vollkornbrot
oder -baguette
¼ Beet Kresse

■ Die Erbsen kurz in kochendes Wasser geben und 1 Minute ziehen lassen. Abgießen und in einem Sieb abtropfen lassen. Etwas abkühlen lassen, dann ca. die Hälfte der Erbsen mit einer Gabel zerdrücken. Mit den restlichen Erbsen mischen.

■ Den Hüttenkäse mit dem Olivenöl verrühren und mit Salz und Pfeffer würzen.

■ Die Brot- oder Baguettescheiben kross toasten. Mit dem Hüttenkäse bestreichen und mit den Erbsen belegen. Die Kresse vom Beet schneiden und die Crostini damit garnieren. Nach Belieben mit Pfeffer bestreuen.

Quinoa-Erdnuss-Snackballs

Zubereitungszeit: 45 Minuten
Für ca. 15 Stück

75 g Quinoa
1½ EL Erdnussmus
¼ TL gem. Vanille
¼ TL gem. Zimt
2 EL Kokosraspel oder gepuffter Amarant zum Wenden

■ Die Quinoakörner in ein Sieb geben und sehr gründlich unter fließendem heißem Wasser abspülen. Abtropfen lassen.

■ 200 ml Wasser in einem Topf erhitzen und die Quinoa darin ca. 20 Minuten leise köcheln lassen, bis alles Wasser aufgesogen ist. Lauwarm abkühlen lassen.

■ Die Quinoa mit dem Erdnussmus, der Vanille und dem Zimt gründlich verrühren. Mit dem Teelöffel Häufchen abstechen und etwa walnussgroße Bällchen formen. In Kokosrapeln oder Amarant wenden.

■ Die Bällchen im Kühlschrank aufbewahren und innerhalb von 3–4 Tagen verbrauchen.

Ob Sie tatsächlich auf Obst verzichten oder „nur" ohne zugesetzten
termachen wollen wie bisher, ist natürlich Ihre Entscheidung. Meine
fehlung ist aber, diesen Schritt nicht auszulassen. Probieren Sie es
für ein paar Tage. Schon nach vier bis fünf Tagen werden Sie fests
Lebensmittel, die Sie vorher als mäßig oder gar nicht süß empfand
nun sehr viel süßer schmecken.

Keine Chance dem Heißhunger!

Auf einmal ist er da: Hunger! Und im Kopf kreist nur ein Gedanke: Sc
essen. Wenn es Ihnen geht wie mir früher, sind Sie Heißhungeratta
scheinlich mit Süßem begegnet. Glücklicherweise geht ein Zucke
den meisten Fällen auch mit einem Nachlassen des Heißhungers ei
Blutzuckerspiegel nicht mehr so stark schwankt. Bis Sie dieses Stadi
haben, wird es aber wahrscheinlich eine Weile dauern, so dass es j
ist, den Hungerattacken zu begegnen.

Es gibt zwei grundsätzliche Möglichkeiten, dem Heißhunger zu beg
lenkung oder zu Alternativen greifen.
Hungerattacken kommen und gehen. Stellen Sie sich also zunächs
ob Sie wirklich hungrig sind, weil Sie lange nichts mehr gegessen h
ob Sie eher einen dieser Zucker-Flashes haben und nach Süßem g
letzteres der Fall sein sollte, dann lenken Sie sich ab: Gehen Sie nach
kurz an die frische Luft. Kochen Sie sich eine schöne Tasse Tee oder
lassen Sie sich viel Zeit dabei. Schnappen Sie sich den Staubsaug
Wischtusch und räumen Sie die Wohnung auf. Drehen Sie eine Run
Hund. Alles, was ablenkt, ist gut!

Wenn das nichts hilft, dann trinken Sie erst einmal ein großes Glas W
cken Sie Gemüse (das Sie vorbereitet haben sollten, siehe Schritt 2)
Sie eine kleine Handvoll Nüsse. Auch ein Stückchen Käse oder ein
Joghurt stillen akuten Hunger. Und haben Sie immer wieder Ihr Ziel
Mit der Übung kommt auch die Meisterschaft.
Extra-Tipp: Zähneputzen ist bei mir eine sichere Methode, jeden S
besiegen. Der minzige Geschmack der Zahnpasta lässt den Zucker
schnell abklingen. Auch das Schnuppern an etwas Minzöl oder das K
Minzblatts wirken meist gut.

Dauer: Auch hier sind sieben bis zehn Tage eine gute Länge. Bis zu
ser Zeit sollten Sie Ihren Obstkonsum heruntergefahren haben. Auc
4 und 5 verzichten Sie auf Obst und süßes Gemüse, aber in den W
Tagen der nächsten Schritte begegnen Sie typischerweise anderen
derungen. Konzentrieren Sie sich jetzt erst einmal darauf, Ihre Ernäh
passen.

Schritt 3: Das Süßeempfi[...] regulieren

Sie haben Zucker und alternative Süßmittel komplett gestr[...] Glückwunsch! Ehrlich – so weit wie Sie jetzt sind, schaffen es di[...] es nicht immer leicht ist, ist absolut verständlich. Holen Sie tief [...] 3 verschärft das Tempo noch einmal.

Bye-bye, Fructose!

Liebe Fructose, du musst jetzt leider gehen. Es war ja immer s[...] aber es ist wohl besser, wenn sich unsere Wege für ein paar [...] Danach können wir uns gern auf einen Apfel treffen!

Sie wissen bereits, dass Obst und Gemüse fruchteigenen [...] Fructose. Und Sie wissen, dass Fructose in größeren Menger [...] schadet (siehe S. 15). In Obst und Gemüse kommt Fructose c[...] packung mit seinem „Gegengift", den Ballaststoffen. Sie sorg[...] enthaltenen Zuckermoleküle sehr viel langsamer in den Orga[...] außerdem wird durch sie schneller ein Sättigungsgefühl her[...] enthält frisches Grünzeug jede Menge Vitamine und Mineral[...] dem heißt es nun für die nächste Zeit: Obst ist tabu.

Ziel dieses Schrittes (und zugegebenermaßen großen Einschr[...] schmacksempfinden neu zu trainieren. Durch jahrelangen hoh[...] hat sich Ihr Gehirn an ein gewisses Level an Süße gewöhnt. [...] des „Glückshormons" Dopamin ist nur dann auf dem gewohnt[...] ten, wenn der Zuckerkonsum entsprechend hoch bleibt. Eine c[...] auch, dass sich Ihr Empfinden von Süße verschiebt. Um den [...] Süße zu schmecken, braucht es immer mehr Zucker. Stellen S[...] kativ vor, auf Ihren Geschmacksnerven würde eine dicke Krust[...] immer weniger Süßeempfinden hindurchkommt. Diese Krust[...] einmal entfernen. Dazu muss für eine Weile wirklich alles v[...] süß schmeckt. Das ist neben Zucker, Honig und Co. eben auc[...]

Machen Sie sich bitte keine Sorgen um Ihre Vitamin-Versorg[...] Ihrem Speiseplan genügend frisches Gemüse findet, sind Sie [...] sodass Ihnen kein Vitamin-C-Mangel und beileibe kein Sko[...] Brokkoli enthalten beispielsweise etwa 90 Mikrogramm Vitam[...] min-C-Bombe geltende Orange liegt mit 45 Mikrogramm weit [...] Seien Sie bitte auch zurückhaltend bei süßlichem Gemüse [...] se Süßkartoffeln, roter Paprika, Roter Bete, geschmorten Zw[...] Ebenso sollten Sie eingekochte Tomatensauce für eine Weile [...]

Frischkäsebällchen mit Schnittlauch

Zubereitungszeit: 15 Minuten
Kühlzeit: 30 Minuten
Für ca. 12 Bällchen

150 g Doppelrahm-Frischkäse
Salz, Pfeffer aus der Mühle
20 g Parmesan (optional)
½ Bund Schnittlauch
25 g ganze Mandeln

■ Den Frischkäse in eine Schüssel geben und zusammen mit einer Prise Salz und Pfeffer cremig rühren. Den Parmesan sehr fein reiben und unterrühren. 30 Minuten kühl stellen.

■ Den Schnittlauch waschen, trocknen und in sehr feine Ringe schneiden. Die Mandeln fein hacken und zusammen mit dem Schnittlauch und einer kräftigen Prise Pfeffer auf einem Teller vermischen.

■ Mit einem Teelöffel Häufchen von der Frischkäsemasse abstechen und mit leicht angefeuchteten Händen zu kleinen Bällen formen. Rundherum in der Schnittlauch-Mandel-Mischung wälzen.

■ Im Kühlschrank aufbewahren und innerhalb von 4-5 Tagen verzehren.

Varianten
Wenden Sie die Bällchen in einer Mischung aus Petersilie und gehackten Walnüssen oder würzen Sie den Frischkäse mit Curry oder scharfem Paprikapulver.

Gebackene Cashewnüsse mit Kurkuma

Zubereitungszeit: 5 Minuten
Backzeit: 15 Minuten
Für 150 g

150 g Cashewnüsse
1 TL Olivenöl
1 TL gem. Kurkuma
¼ TL Pfeffer aus der Mühle
1 Prise Fleur de Sel

■ Den Backofen auf 180 °C (Umluft 160 °C) vorheizen. Das Olivenöl mit der Kurkuma und dem Pfeffer verrühren. Die Cashewnüsse darin wenden, sodass sie vollständig bedeckt sind. Auf einem Backblech verteilen und mit Fleur de Sel bestreuen.

■ Die Cashews im vorgeheizten Ofen ca. 15 Minuten backen, dabei mehrmals vorsichtig wenden.

■ Herausnehmen und abkühlen lassen. Die Nüsse halten sich luftdicht verpackt ca. 1 Woche.

Schritt 4: Stark bleiben

Ich hoffe, Sie haben sich in Ihre komplett zuckerfreie Phase eingelebt. Im Prinzip geht mit den nächsten beiden Abschnitten Schritt 3 in die Verlängerung, denn auch in Schritt 4 und 5 bleibt es bei der süßereduzierten Ernährung.

Gelüste und Rückfälle

Auch wenn Sie wissen, dass der Schokoriegel nicht Ihr bester Freund ist, hat der Schokoriegel das noch lange nicht akzeptiert! Deswegen werden er und all seine Kumpels Ihnen Ihr Vorhaben erschweren wollen.
Ähnlich wie beim Heißhunger gibt es mehrere Möglichkeiten, diesem zu begegnen: Aussitzen, Ausweichen oder Alternativen schaffen.
Gelüste kommen unerwartet, und oft fühlt man sich diesen Attacken schutzlos ausgeliefert. Aber Gelüste gehen auch wieder! Wenn es Ihnen gelingt, dann stehen Sie es einfach durch. So banal es klingt: Tiefes Ein- und Ausatmen kann sehr hilfreich sein. Und halten Sie sich immer vor Augen, wie weit Sie es schon geschafft haben!

Wenn Ihnen das Aushalten noch schwerfällt, dann weichen Sie den Verlockungen aus, und zwar wortwörtlich. Nehmen Sie einen anderen Heimweg, wenn Sie Ihr regulärer Weg an Bäckereien, Eisdielen oder Fastfood-Läden vorbeiführt. Bleiben Sie im Supermarkt Ihrem Einkaufszettel treu und kaufen Sie in den Randbereichen ein. Dort, an den Außenwänden des Supermarkts, befinden sich sowieso die gesünderen Produkte, also vor allem frisches Grünzug. Meiden Sie die Schokoladen- und Keksregale weiträumig. Was Sie nicht sehen, können Sie auch nicht in Ihren Korb legen! Und falls Sie doch nach etwas greifen, drehen Sie die Verpackung um und lesen sich ganz bewusst die Nährwerte und die Inhaltsstoffe durch. Neben Unmengen an Zucker kaufen Sie mit den Süßigkeiten oft auch noch einen Haufen Konservierungsstoffe, Aromen und Zusatzstoffe. Naschkram ist wirklich selten ein naturbelassenes Produkt!

Halten Sie immer eine Alternative in Form eines gesunden Snacks parat: Gemüsesticks und ein cremiger Dip aus Avocado oder Hummus, ein gekochtes Ei oder ein paar Käsewürfel sind gute Snacks für zu Hause oder das Büro. Eine kleine Packung Nüsse oder salziges Popcorn sind prima Begleiter für unterwegs. Und die Trinkflasche nicht vergessen!
Und wenn es doch einmal passiert und Sie etwas Süßes gegessen haben? Davon geht die Welt nicht unter. Bevor Sie sich lange mit Selbstvorwürfen plagen, sehen Sie lieber mit neuer Entschlossenheit nach vorn. Zuckerreduziert zu leben ist eine Trainingssache, die nur selten sofort reibungslos funktioniert. Essen Sie in den nächsten Tagen wieder sehr bewusst und stehen Sie die möglichen Entzugserscheinungen und Gelüste durch. Verlängern Sie die obst- und süßfreie Phase gern um ein bis zwei Tage.

Restaurants und Feiern

In den ersten Wochen ist es zwar nicht sinnvoll, im Restaurant oder im Café zu essen, aber natürlich sollen Sie Ihr soziales Leben nicht wie Ihren Zuckerkonsum auf Null herunterfahren! Am einfachsten ist es, Freunde und Verwandte zu sich einzuladen und gesund zu kochen. Doch manchmal führt kein Weg um Kantine oder Restaurant herum. Bestellen Sie dort simple Gerichte, die nicht viele Bestandteile haben: Gemüse, eventuell Fleisch oder Fisch, Pasta, Reis oder Kartoffeln. Meiden Sie auf jeden Fall Saucen und Dips und bestellen Sie keine Gerichte, bei denen Ketchup & Co. Standardbegleiter sind. Wenn Sie sich für einen Salat entscheiden, bitten Sie darum, dass dieser ohne Dressing serviert wird und lassen Sie sich Öl und Essig (keinen Balsamico!) an den Tisch bringen. Vermeiden Sie, zumindest im Moment, Gerichte mit stark eingekochter Tomatensauce. Manche Lokale legen Ihnen standardmäßig einen kleinen Salat mit Fertigdressing mit auf den Teller. Lassen Sie diesen nach Möglichkeit unberührt.

Und gehen Sie nie ausgehungert ins Restaurant. Essen Sie vorher einen kleinen herzhaften Snack und trinken Sie ein Glas Wasser.

Ähnliches gilt für Feiern und Partys. Halten Sie sich an die herzhaften Sachen, bei denen Sie wissen, dass sie zuckerfrei sind. Fragen Sie die Gastgeber diskret nach den Zutaten. Sorgen Sie vor: Ein mitgebrachtes Käsebrot oder eine Portion Nüsse hat mich in der Anfangszeit vor mancher Kuchenschlacht bewahrt. Halten Sie sich beim Alkohol zurück: Wein und Bier sind zwar per se zuckerarm, aber Alkohol weckt den Appetit auf all die ungesunden Dinge.
Falls Sie in dieser Phase Geburtstag feiern, dann ergreifen Sie die Initiative und bitten Ihre Gäste, Ihnen nichts Süßes zu schenken. Falls Sie Ihrem Umfeld noch nichts von Ihrer Ernährungsumstellung erzählt haben, dann ziehen Sie eine Person ins Vertrauen und bitten diese, die Geschenke für Sie zu sortieren und den Süßkram zu entsorgen.

Dauer: Nehmen Sie sich für diesen Schritt weitere zehn Tage Zeit.

Guacamole

Zubereitungszeit: 15 Minuten
Für 2 Portionen

1 reife Avocado
½ kleine rote Zwiebel
¼ Chilischote, Schärfe und Menge nach Belieben anpassen
4 Zweige Koriander
1/2 EL Limettensaft
Salz

■ Die Avocado halbieren, den Kern entfernen und das Fruchtfleisch herauslöffeln. Die Zwiebel schälen und sehr fein hacken. Die Chilischote waschen und trocknen und ebenfalls sehr feinhacken. Den Koriander waschen, trocken tupfen und fein hacken.

■ Alles in eine Schüssel oder in einen großen Mörser geben und mit einer Gabel oder dem Stößel zerdrücken, sodass keine größeren Avocadostücke mehr vorhanden sind und die anderen Zutaten angequetscht sind. 1 Esslöffel Limettensaft und 1 Prise Salz vorsichtig unterrühren. Abschmecken, evtl. mehr Limettensaft und Salz unterrühren.

■ Zum Beispiel zusammen mit Gemüsestücken oder Vollkornchips servieren.

Hummus-Dip mit Harissa

Zubereitungszeit 15 Minuten
Für 2 Portionen

100 g gekochte Kichererbsen
1 Knoblauchzehe
½ Bio-Zitrone
1 EL Tahini (Sesampaste)
1 TL Harissapaste
1 EL natives Olivenöl extra
Salz, Pfeffer aus der Mühle
1 Prise gem. Kreuzkümmel

■ Die Kichererbsen in ein Sieb geben, abspülen und abtropfen lassen. Die Knoblauchzehe schälen und fein hacken. 1 TL Zitronenschale abreiben und 1 EL Zitronensaft auspressen.

■ Die Kichererbsen mit Knoblauch, Zitronensaft und -schale, Tahini und Harissa in der Küchenmaschine oder mit dem Pürierstab glatt pürieren. Zum Schluss das Olivenöl unterrühren. Mit Salz, Pfeffer und Kreuzkümmel abschmecken und ggf. mehr Zitronensaft unterrühren.

■ Dazu passen Gemüsesticks, Brot oder Vollkornchips.

Schritt 5: Diskussionen und Besserwisser

Zu Beginn meines persönlichen Projekts Zuckerfrei wusste nur mein Mann von meinem Vorhaben, auf Zucker verzichten zu wollen. Allen anderen habe ich wohlweislich zunächst nichts davon erzählt, und erst im Laufe der Wochen, als ich meiner Sache immer sicherer war, habe ich das bei Freunden und Familie hin und wieder anklingen lassen. Das Thema stieß auf großes Interesse – aber auch auf sehr geteilte Meinungen. Jede Unterstützung und Bestärkung ist natürlich großartig, nur leider treffen auf ein positives Feedback mindestens zwei negative und ablehnende Bemerkungen. Über die anstrengenden, oft nervigen und meist immer gleichen Diskussionen mit Freunden, Familie und Kollegen könnte ich ein ganzes Buch füllen! Sich davon nicht abbringen und demoralisieren zu lassen, ist ein wichtiger Schritt in Richtung Zuckerfreiheit.

Die üblichen Verdächtigen ...

... oder: Fragen, die fast automatisch kommen. Davon haben Sie inzwischen bestimmt schon einige gehört.

Aber wir brauchen doch Zucker?! Nein, brauchen wir nicht, zumindest nicht in Form von zugefügter Süße. Es ist natürlich richtig, dass der Körper Einfachzuckermoleküle in Form von Glucose braucht, aber die kann er aus all den gesunden und unverarbeiteten Lebensmitteln gewinnen, die wir essen.

Aber wir haben doch schon immer Zucker gegessen?! Wenn Ihre Vorfahren aus Papua-Neuguinea kommen, dann mag das in gewisser Weise gelten, denn dort wurde das Zuckerrohr seit etwa 10.000 v. Chr. kultiviert. Zucker in kristalliner Form gibt es seit weniger als 3.000 Jahren, in Europa sogar erst seit dem Mittelalter. Für die breitere Masse verfügbar ist Zucker erst seit etwa 150 Jahren, wobei er in größeren Mengen seit etwa 50 Jahren konsumiert wird.

Aber Fruchtzucker ist doch gesund?! Leider nicht ... er klingt nur so harmlos! Tatsächlich ist Fruchtzucker oder Fructose genau der Teil des Zuckers, den unser Körper nur in geringen Mengen verarbeiten kann. Fructose gelangt direkt in die Leber und wird dort als Fett eingelagert. Bei zu hohem Zuckerkonsum wird das eingelagerte Fett dann in die Blutbahn ausgeschwemmt. Natürlich ist Fructose in Obst und auch in Gemüse enthalten, aber darin stecken eben auch Ballaststoffe, die die Aufnahme und Speicherung des Zuckers verlangsamen, sowie Vitamine und Mineralien.

Wie, kein Obst? Und was ist mit Vitaminen?! Den meisten Menschen ist Ihr Vitaminhaushalt total egal – bis Sie sagen, dass Sie eine Weile kein Obst essen. Dann werden Sie gleich für unterversorgt erklärt! Zuckerfrei bedeutet jedoch keineswegs den kompletten Verzicht auf Obst, nach den ersten fructosefreien Wochen ist nichts gegen Obst in Maßen einzuwenden. Außerdem enthält auch Gemüse eine Menge Vitamine, teilweise sogar mehr als seine süßen Verwandten.

Aber zuckerfrei macht das Leben doch gar keinen Spaß! Das ist ein regelrechtes Totschlag-Argument, und egal was man antwortet, es wird immer ein wenig nach einem trotzigen „Wohl doch!" klingen. Aber zum einen heißt zuckerfrei ja nicht automatisch „ohne Süße", wir balancieren nur unser Süßeempfinden neu aus. Und zum anderen: „Spaß" definiert jeder für sich. Spaß am Leben haben Sie doch nicht ausschließlich, wenn Sie ein Stück Torte essen! Spaß macht das Leben vor allem, wenn Sie fitter, ausgeschlafener und selbstbestimmter und nicht ständig auf der Suche nach Ihrer nächsten Zuckerration sind.

Solche nervtötenden Argumente können einem ganz schön die Lust an einem neuen Projekt vermiesen und alte Zweifel hochkommen lassen. Bitte lassen Sie sich nicht durch solche Diskussionen von Ihrem Weg abbringen. Nur Sie wissen, was Ihnen guttut!

Diskutieren, nicht missionieren

Trotz aller guten Argumente stößt man immer wieder auf eine Mauer der Ablehnung. Sehr frustrierend! Menschen bewegen sich einfach nicht gern aus ihrer Komfortzone heraus. Zu dieser Komfortzone gehören auch liebgewonnene Ernährungsgewohnheiten wie die Rosinenschnecke, der Schokoriegel und die Currywurst. Ihre Diskussionspartner befürchten womöglich, dass Sie ihnen diese nun madig machen wollen, und das lässt bei ihnen schnell die Rollläden heruntersausen.
Entscheiden Sie situationsabhängig, wie weit Sie in die Diskussion einsteigen wollen. Es ist in Ordnung und richtig, dass Sie Ihre Argumente darlegen, aber widerstehen Sie dem Impuls, missionarischen Eifer an den Tag zu legen. Erfahrungsgemäß ist es einfacher, den Gesprächspartnern zu vermitteln, dass man ihre Ernährungsweise akzeptiert, aber im Gegenzug das Gleiche auch von ihnen erwartet.
Am überzeugendsten wirkt übrigens ein positives Beispiel auf andere. Wenn Sie Ihr Umfeld also für ein zuckerärmeres Leben begeistern wollen: Beeindrucken Sie einfach durch Ihre gute Laune und Ihre Erfolge!

Salat-Wraps mit Hackfleisch

Zubereitungszeit: 15 Minuten
Für 2 Portionen

4 große, feste Salatblätter, z. B.
vom Kopf- oder Romanasalat
1 Knoblauchzehe
1 EL natives Olivenöl extra
250 g Hackfleisch
½ TL Apfelessig
1 TL Sojasauce
1–2 Spritzer Tabasco (optional)
Salz, Pfeffer aus der Mühle
¼ Gurke
1 Frühlingszwiebel
2 EL gehackter Koriander

▨ Die Salatblätter gut waschen und trockentupfen.

▨ Die Knoblauchzehe schälen und sehr fein hacken. Das Olivenöl erhitzen und das Hackfleisch darin krümelig braten. Den Knoblauch dazugeben und unterrühren. 2 Minuten unter Rühren braten. Den Apfelessig, die Sojasauce und den Tabasco unterrühren. Mit Salz und Pfeffer abschmecken.

▨ Die Gurke waschen, evtl. schälen und klein würfeln. Die Frühlingszwiebel putzen und in feine Ringe schneiden.

▨ Das Hackfleisch auf die Salatblätter verteilen, mit Gurke, Frühlingszwiebeln und Koriander bestreuen. Die Blätter zusammenrollen und sofort servieren.

Gebratene gekochte Eier mit Kresse

Zubereitungszeit: 20 Minuten
Für 2 Portionen

2 Eier
1 TL natives Olivenöl extra
Fleur de Sel oder Meersalz
Pfeffer aus der Mühle
¼ Beet Kresse

▨ Die Eier hart kochen, etwas abkühlen lassen und pellen. Die Eier halbieren.

▨ In einer nicht zu großen Pfanne das Olivenöl erhitzen. Die Eier mit der Schnittfläche nach unten in die Pfanne setzen und ca. 2 Minuten lang braten. Herausnehmen, mit einer Prise Salz und frisch gemahlenem Pfeffer bestreuen.

▨ Die Kresse vom Beet schneiden und über die Eier streuen. Sofort servieren.

Varianten
Bestreichen Sie die Eier mit etwas Senf (siehe Tipp S. 66), Pesto oder Chilisauce.

Schritt 6: Etwas lockerlassen

Gratulation! Hinter Ihnen liegen 24 bis 30 zuckerfreie und sehr fructosearme Tage, in denen sich ihr Geschmacksempfinden stark gewandelt hat. Natürlich können Sie diese Zeit noch ausdehnen, solange Sie viel frisches Gemüse auf Ihren Speiseplan setzen, sind Sie bestens versorgt. Aber Sie können nun auch beginnen, wieder vorsichtig etwas Süßes zu essen. Immer noch keine Schokolade – aber ich möchte wetten, dass Ihnen diese sowieso viel zu süß wäre!

Ein ganz neues Geschmackserlebnis

Haben Sie in den letzten Tagen und Wochen einmal genau „hingeschmeckt"? Ich vermute einmal, dass Sie nun plötzlich Süße dort schmecken, wo sie Ihnen vorher nie aufgefallen wäre. Paprika hatten Sie früher wahrscheinlich genauso wenig auf dem Süße-Radar wie Cashewnüsse oder Milch.

Im Grunde genommen haben Sie in den letzten Wochen so etwas wie eine Fastenkur gemacht. Und genau wie beim Fastenbrechen tasten Sie sich nun wieder vorsichtig an die süßeren Lebensmittel heran, ohne es zu übertreiben. Probieren Sie etwas fructosearmes Obst: Eine Handvoll Himbeeren oder ein bis zwei Scheiben Papaya sind für den Anfang gut geeignet. Außerhalb der Saison sind tiefgekühlte Beeren eine gute Alternative. In geringen Mengen sind im Laufe der nächsten Tage auch Mandarinen oder Aprikosen geeignet.

Meiden Sie sehr süße und zuckerreiche Früchte wie Weintrauben, Bananen, Birnen, Kirschen und Äpfel, ebenso wie getrocknete Früchte aller Art. Natürlich können Sie diese später wieder genießen, aber für den Wiedereinstieg enthalten diese Obstsorten zu viel Zucker. Sie wollen ja nicht direkt wieder auf die süße Bahn geschleudert werden!

Wenn Sie Obst noch nicht über den Weg trauen, versuchen Sie es mit süßlich schmeckendem Gemüse: Süßkartoffeln sind dafür bestens geeignet. Probieren Sie die fein gewürzten und gebackenen Süßkartoffeln von Seite 117, oder backen Sie eine ganze Süßkartoffel im Ofen und füllen Sie diese mit Gemüse oder Salat. Vielleicht haben Sie sich aber in den letzten Wochen eher auf ein Dessert gefreut? Greifen Sie bitte nicht gleich zur Crème brûlée! Versuchen Sie es erst einmal mit einer Quarkspeise aus Sahnequark, den Sie mit ein oder zwei Teelöffeln Reissirup und einer Prise gemahlener Vanille verrühren. Der milde, fructosefreie Reissirup ist in dieser Phase der Wiedereinführung gut geeignet, da er nicht übermäßig süßt.

Auf den Bauch hören

Hören Sie genau auf die Signale Ihres Körpers: Wenn schon geringe Mengen an fruchteigenem Zucker oder ein Löffel Quarkspeise zu einer unglaublichen Sehnsucht nach Gummibärchen oder anderem Naschkram führt, dann ist es sinnvoller, noch einmal für einige Tage auf Obst und jegliches Süßes zu verzichten. Das hat nichts mit Scheitern zu tun: Die Menschen sind nun mal verschieden, und somit auch ihre individuellen Reaktionen auf bestimmte Stoffe.

Wenn es Ihnen aber mit ein wenig Süße gut geht – wunderbar! Wichtig ist es nun, dass Sie süße Nahrungsmittel auch weiterhin sehr sparsam einsetzen. Sie haben jetzt so lange daran gearbeitet, den Zucker aus Ihrem System zu bekommen, da wäre es doch wirklich schade, wenn Sie das nun durch unbedachte Aktionen torpedieren würden. Eine eingefahrene Gewohnheit nachhaltig zu ändern, dauert einer Studie des University College London zufolge durchschnittlich 66 Tage. Das heißt, dass Sie auf einem guten Weg, aber eben noch nicht komplett angekommen sind.

Setzen Sie auf die Tricks und Tipps der letzten Kapitel, die sich für Sie als hilfreich erwiesen haben. Die Vermeidungsstrategie ist auch im weiteren Verlauf der Zucker-Auszeit sinnvoll: Was Sie nicht sehen, kann nicht in Ihrem Korb landen. Und was Sie nicht zuhause haben, können Sie nicht naschen. Sie können sich auch damit austricksen, indem Sie mit dem gleichen, von vornherein festgelegten Budget statt der süßen und meist günstigeren Produkte teurere, aber dafür zuckerärmere Lebensmittel einkaufen. Ein Beispiel: Für etwa zwei Euro erhalten Sie ein Pfund Weintrauben oder ein Kilo Äpfel. Beides sind bekanntermaßen fructosereiche Früchte. Für das gleiche Geld erhalten Sie aber nur etwa 100 Gramm Himbeeren oder eine Papaya. Sie tauschen also viel günstiges, süßes Obst gegen weniger und fructoseärmeres Obst aus. Zugegeben, das klingt nach Erbsenzählerei, aber manchmal sind es genau diese kleinen Tricks, die letztlich zum Erfolg führen. Und wie gesagt – es geht nicht darum, dass Sie nie wieder süße Weintrauben oder gar Schokolade essen dürfen. Nur geben Sie Ihrem Körper ein wenig Zeit, sich an die (einmal mehr) veränderten Ansprüche zu gewöhnen.

Dauer: Die Phase der Wiedereingewöhnung sollten Sie so langsam angehen wie die der Entwöhnung. Nehmen Sie sich dafür mindestens eine Woche Zeit. Wenn Sie einen Rückfall befürchten, machen Sie eine Pause und legen noch ein paar süßefreie Tage ein.

Superfood Granola Bars

Zubereitungszeit: 15 Minuten
Kühlzeit: 1 Stunde
Für ca. 10 Stück

200 g Haferflocken
50 g gehackte Mandeln
1 EL Chiasamen oder Leinsamen
2 EL Kokoschips
2 EL Kürbiskerne
150 ml Kokoswasser
2–3 EL Kokosmus

▥ Die Haferflocken in der Küchenmaschine fein mahlen und mit Mandeln, Chia- oder Leinsamen, Kokoschips und Kürbiskernen in einer Schüssel vermengen. Das Kokoswasser dazugießen und alles sehr gründlich verkneten, bis ein fester, leicht klebriger Teig entsteht.

▥ Eine rechteckige Auflaufform (ca. 20 x 30 cm) mit Backpapier auslegen und den Teig fest hineinpressen.

▥ Das Kokosmus im Wasserbad weich werden lassen und den Teig damit begießen. Den Teig mit einem scharfen Messer in 10 gleich große Stücke schneiden und ca. 1 Stunde im Kühlschrank fest werden lassen. Die Granola Bars halten sich im Kühlschrank ca. 4 – 5 Tage, im Tiefkühler ca. 2 Monate.

Erdnuss-Joghurt-Dip

Zubereitungszeit: 10 Minuten
Für 2 Portionen

100 g Naturjoghurt
1 EL Erdnussmus
1 TL Reissirup (optional)
1 Msp. gem. Vanille
1 Handvoll fructosearmes Obst,
z. B. Erdbeeren oder Himbeeren.

▥ Den Joghurt mit dem Erdnussmus, dem Reissirup und der Vanille glatt verrühren.

▥ Das Obst verlesen, vorsichtig waschen und trocken tupfen. Mit dem Dip servieren.

Tipp
Am besten lassen sich große Obststücke dippen. Der Dip schmeckt später auch sehr lecker zu Apfel- oder Birnenscheiben.

Schritt 7: Geschafft – und wie geht es weiter?

An dieser Stelle hätte ich Ihnen gerne wirklich einen Tusch eingebaut, denn Sie haben das große Finale Ihres persönlichen Projekts Zuckerfrei erreicht. Jetzt stellt sich die Frage, wie es weitergehen soll: Wollen Sie dabeibleiben und Ihr Leben in Zukunft zuckerarm oder zuckerfrei gestalten? Wollen Sie nur einige Aspekte fortführen und zwar nicht zuckerfrei, aber dennoch zuckerreduziert leben? Entscheiden Sie, was für Ihr Leben die bessere Variante ist. Je weniger Zucker darin enthalten ist, desto besser für Sie und Ihre Gesundheit.

Zuckerfrei, zuckerarm oder zuckerreduziert

Wenn Sie auch zukünftig zuckerfrei leben möchten, dann ernähren Sie sich weiterhin so wie in Schritt 6: Gestalten Sie Ihren Speiseplan ohne zugesetzten Zucker, mit viel frischem Gemüse und ab und zu etwas Obst. Snacken Sie eher herzhafte Dinge: Gemüsesticks, Käse oder Nüsse. Und vermeiden Sie gesüßte Getränke.

Bei einer zuckerarmen Ernährung essen Sie gern auch wieder Obst, idealerweise die nicht ganz so süßen und fructosereichen Sorten. Alternative Süßmittel wie z. B. Honig oder Kokosblütenzucker können Sie sparsam und eher würzend als süßend einsetzen. Insgesamt sollten Sie aber auf üppige Desserts, industriell hergestellte Süßwaren und Fertiggebäck verzichten. Genießen Sie lieber ein Stückchen dunkle Schokolade mit einem Kakaoanteil von mindestens 70 Prozent oder halten Sie eine zuckerfreie Alternative parat. Lieber einen ganzen Apfel als eine mit Zuckerguss überzogene Apfeltasche! Ebenso sollten Softdrinks oder Fruchtsäfte eine absolute Ausnahme bleiben. Wasser (gern auch natürlich aromatisiertes Wasser, z. B. Rezept S. 28) oder ab und zu eine stark verdünnte Schorle sind die besseren Durstlöscher.

Wenn Sie sich „nur" zuckerreduziert ernähren möchten, ist das höchstwahrscheinlich dennoch ein großer Unterschied zum Leben davor. Betrachten Sie Süßes und Naschkram als Essen für besondere Gelegenheiten, das dementsprechend seltener auf den Speiseplan kommt – umso mehr werden Sie es zu schätzen wissen. Süße Snacks sollten auch bei der zuckerreduzierten Ernährung besser durch gesunde und frische Lebensmittel ersetzt werden. Fallen Sie nicht in alte, zuckrige Gewohnheiten zurück, wie z. B. das Naschen beim Fernsehen oder den Energydrink beim Autofahren. Sie haben so hart daran gearbeitet, diese zu durchbrechen! Reduzieren Sie Zucker oder alternative Süßmittel beim Backen, Kochen und Süßen deutlich, mindestens um ein Viertel (siehe Tipps S. 20). Trinken Sie nur selten süße Getränke.

Erinnern Sie sich an die Fünf-Prozent-Empfehlung der WHO (siehe S. 11) und versuchen Sie, höchstens sechs Teelöffel täglich zu konsumieren. Zur Auffrischung: In diese fünf Prozent fließt alles ein außer dem in Obst, Gemüse und Milchprodukten von Natur aus enthaltenen Zucker.

Wenn Sie merken, dass Sie doch wieder in alte, sozusagen verzuckerte Bahnen gleiten, dann legen Sie sofort eine Zuckerpause ein. Grundsätzlich ist es aber viel einfacher, relativ konsequent bei einer deutlich zuckerreduzierten Ernährung zu bleiben, als in regelmäßigen Abständen einen immer wieder neuen und anstrengenden Zuckerentzug zu starten. Diese Achterbahn können Sie sich, Ihrer Gesundheit und Ihrer Stimmung gern ersparen!

Grundregeln für den zuckerarmen Alltag

Die wichtigsten Richtlinien, mit denen es sich auch auf Dauer relativ einfach zuckerfrei lebt und isst, sind Ihnen nach den letzten Wochen gut bekannt. Hier kommt noch einmal die Zusammenfassung:

Kochen Sie so viel wie möglich selbst. Damit ersparen Sie sich auch eine Menge unnötiger Konservierungsmittel, fragwürdiger Zusatzstoffe und schlechter Fette.

Kaufen Sie keine (oder zumindest nur selten) Lebensmittel, denen Zucker zugesetzt wurde.

Machen Sie im Restaurant einen Bogen um süß-saure Saucen, Ketchup und Co. und mischen Sie das Salatdressing selbst mit Essig und Öl. Finden Sie in der Kantine gesunde Alternativen oder bringen Sie sich Ihr Mittag idealerweise selbst mit. Wählen Sie beim Frühstücksbüffet im Hotel statt Schokocroissant und Orangensaft lieber Rührei, Kräuterquark und einen feinen Tee.

„Königsdisziplin" Familienfeiern: Wenn Sie sich sicher fühlen, genießen Sie ein Stück Kuchen. Wenn Sie sich noch unsicher fühlen, dann bringen Sie sich einen zuckerarmen Kuchen (z. B. die Hefeschnecken von S. 157) oder ein belegtes Brot mit.

Vorsicht bei Zuckeraustauschstoffen und Süßstoffen. Einige Zuckeralternativen können Sie natürlich sparsam benutzen, aber eines der Hauptziele des Projekts Zuckerfrei ist es, den Geschmack neu zu justieren und natürliche, dezente Süße wieder schmecken zu können.

Zuckerarm zu essen ist wie eine Sportart: Je länger man dabei ist, desto besser wird man darin. Irgendwann ist es so normal und natürlich, dass man sich kaum etwas anderes vorstellen kann. Und dann macht zuckerfrei leben Spaß!

Avocado-Eiscreme

Zubereitungszeit: 10 Minuten
Gefrierzeit: 20 Minuten–3
Stunden
Für ca. 250 g Eis (2 Portionen)

1 reife Avocado
125 ml Kokosmilch
2 EL Reissirup
1 Spritzer Zitronensaft
2 EL Kokoschips
1 EL gehackte Pistazien (optional)

■ Die Avocado halbieren, den Kern entfernen und das Fruchtfleisch auslöffeln. Zusammen mit der Kokosmilch, dem Reissirup und dem Zitronensaft glatt pürieren. In die Eismaschine füllen und cremig-fest gefrieren lassen. Ohne Eismaschine in ein gefriergeeignetes Gefäß geben und im Tiefkühler 2–3 Stunden gefrieren lassen, dabei etwa alle 20 Minuten kräftig durchrühren.

■ Kurz vor dem Servieren die Kokoschips in einer Pfanne ohne Fett goldbraun anrösten. Das Eis auf zwei Schalen oder Gläser verteilen und mit den Kokoschips und den Pistazien bestreut servieren.

Gefrorene Joghurt-Blaubeeren

Zubereitungszeit: 10 Minuten
Gefrierzeit: 1–2 Stunden
Für ca. 200 g

100 g Blaubeeren, möglichst
große
50 g griechischer Joghurt
2 TL Reissirup (optional)
¼ TL gemahlene Vanille

■ Die Blaubeeren vorsichtig waschen und auf Küchenkrepp trocknen lassen.

■ Den Joghurt mit dem Reissirup und der Vanille in einer Schale verrühren. Die Blaubeeren vorsichtig unterheben, so dass sie komplett von dem Joghurt ummantelt sind.

■ Ein Tablett oder Schneidebrett mit einem Streifen Backpapier auslegen und die Blaubeeren darauflegen. Im Tiefkühler ca. 1–2 Stunden fest gefrieren lassen.

■ Die Blaubeeren zur Aufbewahrung in einen Gefrierbeutel umfüllen. Die Beeren halten sich im Tiefkühler ca. 2 Wochen.

Frühstück

Das Frühstück ist nicht nur die erste Mahlzeit des Tages, sondern gilt auch als die wichtigste. Dafür sollten Sie sich wirklich Zeit nehmen! Ein nährstoffreiches Frühstück tut doppelt gut: Sie starten energiegeladen in den Tag und gut gesättigt entgehen Sie der „Snack-Falle", die uns zu ungesundem und oft viel zu süßen Nascherein greifen lässt. (siehe S. 30)

In diesem Kapitel finden Sie viele leckere Rezepte sowie Tipps und Tricks, um Ihr Frühstück auch ohne Zucker abwechslungsreich zu gestalten: Müslis, kerniges Brot und weiche Brötchen, aber auch verschiedene Aufstriche, Pancakes und eine herzhafte Frühstücksschale.

Knuspermüsli

Zubereitungszeit: 15 Minuten
Backzeit: 30 Minuten
Für ca. 500 g Müsli

200 g Vollkorn-Getreideflocken,
z.B. kernige Haferflocken oder
Dinkelflocken
100 g gemischte Nüsse und
Mandeln
50 g Kürbiskerne
50 g Sonnenblumenkerne
4 EL gepuffter Amarant
3 EL Kokoschips
2 EL Sesamsaat
2 EL Leinsamen
1 EL Chiasamen
¼ TL gem. Vanille
100 ml (pflanzliche) Milch
2 EL natives Kokosöl

Morgens muss es schnell gehen – da kommt ein gutes Müsli gerade recht. Diese Basisversion sättigt langanhaltend durch Vollkornflocken, Nüsse, Kerne und Saaten und schmeckt mit frischen Früchten, zum Joghurt oder nur mit ein wenig Milch.

■ Den Backofen auf 150 °C vorheizen (Umluft 130 °C).

■ In einer großen Schüssel Getreideflocken, Nüsse und Mandeln, Kürbis- und Sonnenblumenkerne, Amarant, Kokoschips, Sesam, Leinsamen, Chia und Vanille mischen.

■ Die Milch erhitzen und das Kokosöl darin schmelzen. Das Ganze über die Müslimischung gießen und alles gut verrühren.

■ Die Masse auf einem Backblech verteilen und im vorgeheizten Ofen ca. 30 Minuten backen. Alle 10 Minuten gut durchrühren. Das Müsli darf zum Schluss nicht mehr feucht sein, daher bei Bedarf länger backen. Anschließend herausnehmen und vollständig abkühlen lassen.

■ Das Knuspermüsli in ein großes, luftdicht verschließbares Glas füllen.

■ Das Müsli hält sich ca. 4–5 Wochen.

Tipp
Die Zutatenmengen können Sie natürlich nach Belieben variieren, indem Sie z.B. mehr Nüsse und weniger Getreideflocken verwenden.

Bananen-Blaubeer-Müsli

Zubereitungszeit: 15 Minuten
Für 2 Portionen

250 ml (pflanzliche) Milch
80 g Hafer- oder Dinkelflocken
2 TL Mandelmus
¼ TL gem. Vanille
½ TL gem. Zimt
1 Banane
100 g Blaubeeren
2 EL gepuffter Amarant
2 TL Chiasamen

Es gibt Tage, an denen möchte man bereits zum Frühstück am liebsten Kuchen essen. Mein Vorschlag: Machen Sie sich lieber eine große Schale dieses Müslis: Es schmeckt nämlich ganz wunderbar nach würzigem, fruchtigem Banana Blueberry Bread, dem amerikanischen Rührkuchen-Klassiker.

■ Die Milch erwärmen und über die Haferflocken gießen. Das Mandelmus, die Vanille und den Zimt unterrühren. Die Banane schälen. Die Blaubeeren waschen und abtropfen lassen. Die Hälfte der Banane mit einer Gabel zerdrücken, dann unter das Müsli rühren. Alles 5 Minuten ruhen lassen.

■ Die restliche Banane in dünne Scheiben schneiden und zusammen mit den Blaubeeren unter das durchgezogene Müsli heben. Auf zwei Schalen verteilen und mit dem gepufften Amarant und den Chiasamen bestreut servieren.

Tipp
Wenn es morgens ganz schnell gehen soll, dann bereiten Sie dieses Müsli als sogenannte „Overnight Oats" zu. Wie beim bekannten Bircher-Müsli werden die Getreideflocken bereits am Vorabend mit der Flüssigkeit vermengt und können so über Nacht im Kühlschrank durchziehen. Am nächsten Morgen geben Sie alle weiteren Zutaten dazu.

Geeignet für Schritt
1, 2, 6 & 7

Chia-Erdbeer-Parfait

Zubereitungszeit: 10 Minuten
Zeit zum Durchziehen:
mindestens 1 Stunde oder
über Nacht
Für 2 Portionen

200 g Erdbeeren
50 ml (pflanzliche) Milch, evtl.
mehr
2 EL Chiasamen
6 EL Knuspermüsli (Rezept Seite
56)
4 EL griechischer Joghurt, Naturjoghurt oder ungesüßter Kokos-
joghurt

■ Die Erdbeeren vorsichtig waschen, trockentupfen und putzen. Die Hälfte der Erdbeeren pürieren. Mit der Milch auf 150 ml auf-füllen und mit den Chiasamen verrühren. Mindestens 1 Stunde (oder über Nacht) ziehen lassen. Dabei während der ersten 15 Minuten immer wieder durchrühren, da die Chiasamen schnell verklumpen.

■ Den Erdbeer-Chia-Pudding auf zwei Schalen oder Gläser ver-teilen. Die restlichen Erdbeeren vierteln und darauf geben, dann mit je 3 Esslöffeln Knuspermüsli bestreuen. Mit je 2 Esslöffeln Joghurt anrichten.

Info

In den USA und Kanada versteht man unter einem Parfait nicht nur ein Dessert, sondern auch eine Schichtspeise aus Joghurt, Müsli und Früchten. Das französische Wort „parfait" bedeutet so viel wie perfekt oder vollkommen – und das ist dieses Frühstück auch: cremig, knusprig und fruchtig zugleich!

Cremiges Quinoa-Porridge

**Zubereitungszeit: 25 Minuten
Für 2 Portionen**

100 g Quinoa
250 ml (pflanzliche) Milch
1 Msp. gem. Vanille
3 EL Haselnüsse
30 g frische Kokosstreifen (alternativ getrocknete Kokoschips)
2 Feigen

Tipp
Verwenden Sie für das Porridge am besten eine pflanzliche Milch, da diese eine eigene leichte Süße mitbringt.

■ Die Quinoakörner in ein Sieb geben und sehr gründlich unter fließendem heißem Wasser abspülen, bis das ablaufende Wasser klar ist. Abtropfen lassen.

■ 200 ml Milch mit der Vanille in einem Topf erhitzen. Die Quinoa dazugeben und ca. 20 Minuten leise köcheln lassen, dabei immer wieder umrühren. Bei Bedarf noch etwas Milch oder heißes Wasser unterrühren.

■ Inzwischen die Haselnüsse hacken. In einer Pfanne ohne Fett anrösten. Die Kokosstreifen mit einem scharfen Messer in sehr feine Scheiben schneiden. Die Feigen waschen und abtrocknen, dann vierteln oder in Scheiben schneiden.

■ Die restlichen 50 ml Milch erwärmen. Die gegarte Quinoa auf zwei Schalen oder Teller verteilen. Mit Haselnüssen, Kokos und Feigen belegen und mit etwas warmer Milch begießen.

Variante
Erhitzen Sie die Milch zusammen mit einem Beutel Kräuter-Chai-Tee, den Sie herausnehmen, bevor Sie die Quinoakörner dazugeben. So erhalten Sie eine feinwürzige, fast weihnachtliche Note.

Haferflocken-Pancakes mit Blaubeeren

Zubereitungszeit: 15 Minuten
Für 8 kleine Pancakes

75 g zarte Haferflocken
¼ TL Natron
¼ TL gem. Vanille
100 g Naturjoghurt
1 Ei (Gr. L)
3 EL (pflanzliche) Milch
100 g Blaubeeren (TK)
Kokosöl oder Butterschmalz zum Ausbacken
Topping nach Wahl, z. B. 1 EL Reissirup oder 1–2 TL Ahornsirup, frische Beeren

Na klar, Pancakes mag jeder! Ich liebe die klassische Buttermilch-Variante, aber ich probiere auch wirklich gern Neues. Diese glutenfreien Pancakes haben es mir besonders angetan, da sie sehr schnell gehen und die Zutaten dafür eigentlich immer im Haus sind.

■ Die Haferflocken mit dem Natron und der Vanille in einer Schüssel mischen.

■ Den Joghurt mit dem Ei und der Milch im Standmixer aufschlagen. Während beides verrührt wird, die Flockenmischung nach und nach durch die Deckelöffnung zugeben und so lange mixen, bis ein glatter Teig entstanden ist.

■ Eine kleine Pfanne bei hoher Temperatur aufheizen, dann mit etwas Kokosöl oder Butterschmalz ausstreichen. Pro Pancake 1 kleine Schöpfkelle oder 3 Esslöffel Teig in die Pfanne geben und 1 Esslöffel gefrorene Blaubeeren auf dem Teig verteilen. Sobald die Ränder des Pancakes fest werden und der Teig Blasen wirft, den Pancake wenden und noch ca. ½ Minute backen.

■ Mit Toppings nach Wahl servieren.

Tipps
Tiefgekühlte, nicht aufgetaute Blaubeeren sind hier die beste Wahl. Sie haben genau die richtige Größe, um im Pancake-Teig zu versinken und in der recht kurzen Backzeit zu garen, ohne dabei zu viel Saft zu verlieren. Frische Blaubeeren hingegen sind ein perfektes Topping.
Im Gegensatz zu den klassischen dicken Pancakes sind diese relativ schnell gebacken und brauchen nur ca. 1 Minute pro Stück. Wenn Sie schnell viele Pancakes zubereiten wollen, backen Sie sie parallel in zwei kleinen Pfannen oder setzen je 2 oder 3 Pancakes in eine große Pfanne.

Geeignet für Schritt 1, 6 & 7

Exotischer Papaya-Aufstrich

Zubereitungszeit: 20 Minuten
Gelierzeit: über Nacht
Für ca. 250 g

250 g reifes Papaya-Fruchtfleisch
50 ml Kokoswasser
1 EL Limettensaft
1 TL Kokosblütenzucker
1 EL Kokosraspel (optional)
1 ½ TL Apfelpektin

▓ Die Papaya in kleine Würfel schneiden. Zusammen mit dem Kokoswasser in einen kleinen Topf geben und aufkochen. Ca. 2 Minuten köcheln lassen, dann mit dem Pürierstab glatt pürieren.

▓ Den Limettensaft, den Kokosblütenzucker und nach Belieben die Kokosraspel einrühren und alles 3 Minuten sprudelnd kochen lassen.

▓ Den Topf von der Herdplatte nehmen und das Apfelpektin langsam in die heiße Masse einrühren. Erneut aufkochen und ca. 1 Minute unter Rühren kochen lassen. Die heiße Masse in ein sterilisiertes, sauberes Schraubdeckelglas einfüllen und gut verschließen.

▓ Den Aufstrich über Nacht abkühlen und gelieren lassen. Der Aufstrich hält sich im Kühlschrank ca. 1 Woche.

Geeignet für Schritt 1–7

Cashew-Kokos-Mus

Zubereitungszeit: 25 Minuten
Zeit zum Festwerden:
2–3 Stunden
Für ca. 250 g

150 g Cashewkerne
100 g Kokosraspel
1 Prise gem. Vanille
1 EL natives Kokosöl

▓ Die Cashewkerne, die Kokosraspel und die Vanille in den Standmixer geben. Das Kokosöl schmelzen und dazugeben.

▓ Alles zunächst bei geringer, dann bei hoher Geschwindigkeit mixen, bis sich die Zutaten zu einer glatten Masse verbunden haben. Das kann je nach Leistung des Mixers bis zu 20 Minuten dauern. Dabei vor allem am Anfang die Masse häufig mit einem Spatel nach unten auf die Messer schieben.

▓ Das Mus in ein sterilisiertes, sauberes Glas füllen und fest werden lassen. Im Kühlschrank aufbewahren und innerhalb von 2 Wochen verbrauchen.

Variante (für die Schritte 1, 6 & 7 geeignet)
Für einen Schokoladenaufstrich geben Sie 2 Esslöffel Kakaopulver und 2 Teelöffel Vollrohrzucker hinzu.

Eier-Kräuter-Salat

Zubereitungszeit: 30 Minuten
Zeit zum Durchziehen:
30 Minuten
Für 2 Portionen

4 Eier
3 EL Schmand
1 TL mittelscharfer Senf (siehe Tipp)
1 TL Apfelessig
Salz, Pfeffer aus der Mühle
1–2 EL Milch, bei Bedarf
¼ Bund glatte Petersilie
¼ Bund Schnittlauch
¼ Bund Dill
½ Beet Kresse

Eiersalat ist einer der Klassiker, die in den letzten Jahren von der Bildfläche der modernen Küche verschwunden sind: Er gilt vielen als angestaubt, zu fettig und ungesund. Dabei sind Eier wertvolle Lebensmittel! Damit der Eiersalat wieder frisch und modern wird, habe ich die Mayonnaise gegen Schmand ausgetauscht und ihn mit aromatischen Kräutern gewürzt.

■ Die Eier hart kochen, abkühlen lassen und pellen.

■ Den Schmand mit dem Senf und dem Apfelessig verrühren. Aus 1 Ei das Eigelb herauslösen, mit einer Gabel zerdrücken und unter die Sauce rühren. Mit Salz und Pfeffer abschmecken. Wenn die Sauce zu dicklich ist, 1–2 Esslöffel Milch unterrühren.

■ Petersilie, Schnittlauch und Dill waschen und trocken schleudern. Die Kräuter fein hacken und unter die Sauce mischen. Die Eier klein würfeln und unter die Sauce rühren. Den Eiersalat 30 Minuten durchziehen lassen.

■ Zum Schluss die Kresse vom Beet schneiden, waschen und trocken tupfen. Den Salat erneut abschmecken und mit Kresse bestreut servieren.

Tipp
Immer mehr Hersteller bieten Senf ohne Zuckerzusatz an. Vor allem bei den Bio-Produkten werden Sie fündig.

Bild zum Rezept auf Seite 54

Cremiger Kichererbsen-Linsen-Aufstrich

Zubereitungszeit: 25 Minuten
Zeit zum Durchziehen:
ca. 1 Stunde
Für ca. 300 g

50 g rote Linsen
150 ml Gemüsebrühe
100 g Kichererbsen aus dem Glas
1 kleine Möhre (ca. 50 g)
1 Selleriestange
1 kleine Frühlingszwiebel
1 EL natives Olivenöl extra
Salz, Pfeffer aus der Mühle

Vegetarische Brotaufstriche sind eine tolle Abwechslung zu Wurst und Käse. Die hier verwendeten Linsen und Kichererbsen sind kleine Vitalstoffbomben: Sie enthalten neben viel Protein auch wichtige Mineralien wie Folsäure, Zink und Magnesium. Dabei sind sie sehr ballaststoffreich und sättigen langanhaltend. Und, ebenso wichtig: Der Aufstrich schmeckt einfach gut! Auch als Dip für Gemüsesticks macht er eine gute Figur.

■ Die Linsen gründlich abspülen und in der Gemüsebrühe in ca. 10 Minuten weich kochen.

■ Inzwischen die Kichererbsen in einem Sieb abtropfen lassen und abspülen. In eine Schüssel geben und mit einer Gabel etwas zerdrücken. Die gekochten Linsen dazugeben und alles mit der Gabel zerdrücken oder mit einem Pürierstab nicht ganz glatt pürieren.

■ Die Möhre und die Selleriestange waschen und schälen bzw. putzen. Beides fein reiben. Die Lauchzwiebel waschen, putzen und sehr fein hacken. Möhre, Sellerie und Lauchzwiebel unter die Kichererbsen-Linsen-Masse rühren. Das Olivenöl unterrühren und mit Salz und Pfeffer pikant abschmecken.

■ Den Aufstrich ca. 1 Stunde durchziehen lassen und erneut abschmecken.

■ Er hält sich fest verschlossen im Kühlschrank ca. 3–4 Tage.

Tipp
Für einen noch cremigeren Aufstrich rühren Sie 1 Esslöffel Joghurt oder auch ¼ zerdrückte Avocado unter die Masse.

Kerniges Vollkornbrot

Zubereitungszeit: 10 Minuten
Backzeit: 3 Stunden
Zeit zum Ruhen: mindestens
4 Stunden oder über Nacht
Für 1 Kastenform à 26 cm

250 g Roggenschrot
250 g Dinkelvollkornmehl
75 g Leinsamen
50 g Sonnenblumenkerne
1 gehäufter TL Salz
500 ml Buttermilch
1 Würfel frische Hefe (42 g)
50 g ganze Haselnuss- oder Walnusskerne
1 EL Haferflocken zum Bestreuen

Das eigene Brot zu backen, löst ein ganz besonderes Glücksgefühl aus. Für ein gutes Ergebnis braucht man aber auch Zeit und, je nach Sorte, etwas Erfahrung. Zum Glück gibt es dieses einfache Rezept für ein wunderbar saftiges, kräftiges Vollkornbrot, das Sie durch Nüsse oder Kerne vielfältig variieren können. Der Clou: Der Teig muss nur zusammengerührt werden und das Brot kann ohne Gehzeit direkt in den Ofen wandern.

◼ In einer großen Rührschüssel Roggenschrot, Mehl, Leinsamen, Sonnenblumenkerne und Salz mischen.

◼ Die Buttermilch handwarm erhitzen. Die Hefe in die Buttermilch hineinbröckeln und mit dem Löffel verrühren, bis sich die Hefe aufgelöst hat. Die Buttermilch-Hefe-Mischung in die Rührschüssel gießen und alle Zutaten mit den Knethaken des Rührgeräts gut zu einem relativ flüssigen Teig rühren. Die Nüsse unterrühren.

◼ Eine Kastenform mit Backpapier auslegen. Den Teig in die Backform füllen und mit den Haferflocken bestreuen. Den Teig in den nicht vorgeheizten Backofen schieben. Den Ofen auf 150 °C einstellen (Umluft 130 °C) und das Brot 3 Stunden backen. Wenn die Oberfläche des Brotes zu dunkel wird, den Laib mit einem Streifen Backpapier abdecken. Nach dem Ende der Backzeit das Brot bei geöffneter Ofentür weitere 15 Minuten im Ofen stehen lassen. Herausnehmen und vollständig auf einem Kuchengitter abkühlen lassen.

◼ Vor dem Anschnitt das Brot mindestens 4 Stunden, besser über Nacht, ruhen lassen.

Info

Falls Sie kein Roggenschrot bekommen, kaufen Sie z. B. im Reformhaus oder im Biomarkt ganze Körner. Meistens haben diese Läden auch eine kleine Getreidemühle, in der Sie die Körner zu Schrot mahlen lassen können.

Weiche Süßkartoffelbrötchen

Zubereitungszeit: 1 Stunde
Gehzeit: 1 ¼ Stunden
Backzeit: 15 Minuten
Für 12 Brötchen

250 g Süßkartoffel
2 EL natives Kokosöl oder Butter
50 ml (pflanzliche) Milch, evtl. mehr
15 g frische Hefe
300 g Dinkelvollkornmehl und Mehl für die Arbeitsfläche

Bei einem ausgiebigen Wochenendfrühstück oder einem Brunch liebe ich neben kräftigem Brot auch feine, weiche Brötchen. Gekaufte Brötchen enthalten oft viel Zucker – hier kommen die ganz dezente Süße und die schöne Farbe von der Süßkartoffel. Die Brötchen lassen sich prima einfrieren und in knapp 10 Minuten bei 160 °C frisch aufbacken.

■ Die Süßkartoffel schälen und in kleine Würfel schneiden. Im Dampfgareinsatz oder in wenig Wasser ca. 15 Minuten weich kochen. Die noch heißen Würfel in einem Messbecher zusammen mit dem Kokosöl oder der Butter und dem Reissirup glatt pürieren. Mit der Milch auf 300 ml auffüllen. Das Püree etwas abkühlen lassen und, wenn es handwarm ist, die Hefe hineinbröckeln und darin auflösen.

■ Das Vollkornmehl in eine große Rührschüssel geben. Das Süßkartoffelpüree zum Mehl gießen und alles mindestens 5 Minuten lang mit den Händen oder den Knethaken des Rührgeräts zu einem weichen, aber geschmeidigen Teig kneten. Der Teig sollte elastisch, aber nicht klebrig sein. Bei Bedarf löffelweise mehr Mehl unterkneten.

■ Die Schüssel abdecken und den Hefeteig an einem warmen Ort ca. 45 Minuten gehen lassen, bis sich sein Volumen verdoppelt hat.

■ Anschließend die Luft vorsichtig aus dem gegangenen Teig pressen. Den Teig in 12 gleich große Teile schneiden und diese auf einer bemehlten Arbeitsfläche zu länglichen oder runden Brötchen formen. Mit einem scharfen Messer jeweils längs einschneiden. Die Brötchen auf ein mit Backpapier ausgelegtes Backblech setzen und abgedeckt weitere 30 Minuten gehen lassen.

■ Den Backofen auf 180 °C vorheizen (Umluft 160 °C). Die Brötchen 10–15 Minuten im vorgeheizten Ofen backen. Anschließend auf einem Kuchengitter abkühlen lassen.

Frühstücksschale mit Süßkartoffeln und Spiegelei

Zubereitungszeit: 30 Minuten
Für 2 Portionen

50 g Hirse
Salz
1 mittelgroße Süßkartoffel (ca. 400 g)
1 kleine rote Zwiebel
1 Handvoll Spinatblätter
2 kleine Tomaten
½ Avocado
Olivenöl zum Braten
2 Eier
Pfeffer aus der Mühle

Wenn Sie am Wochenende etwas mehr Zeit zur Vorbereitung haben, versuchen Sie einmal diese herzhafte Schale mit Süßkartoffeln, Hirse und Spiegelei. Abgerundet mit Spinat, Avocado und Tomaten macht die „Breakfast Bowl" rundum satt und glücklich.

■ Die Hirse heiß abspülen und abtropfen lassen. In 100 ml leicht gesalzenem Wasser weich garen und anschließend warm halten.

■ Inzwischen die Süßkartoffel schälen und in Würfel von ca. 1 x 1 cm Kantenlänge schneiden. Die Zwiebel schälen und in feine Ringe schneiden. Die Spinatblätter gründlich waschen und abtropfen lassen. Die Tomaten waschen, abtrocknen und in Scheiben schneiden. Die Avocado schälen und in feine Scheiben schneiden.

■ In einer großen Pfanne etwas Olivenöl erhitzen und die Süßkartoffelwürfel hineingeben. Mit Salz würzen und bei mittlerer Hitze unter häufigem Wenden braten, bis die Würfel fast gar sind. Dann die Zwiebelringe dazugeben und alles zusammen so lange braten, bis die Zwiebeln weich und glasig sind. Herausnehmen und warm halten. Den Spinat in die Pfanne geben und darin zusammenfallen lassen. Leicht salzen.

■ Die Hirse mit den Süßkartoffeln, den Zwiebeln und dem Spinat in zwei Schalen oder tiefen Tellern anrichten.

■ Ein wenig mehr Olivenöl in die Pfanne geben und diese stark erhitzen. Die Eier in die Pfanne schlagen und mit etwas Salz würzen. Die Hitze reduzieren und bei mittlerer Hitze zwei Spiegeleier braten.

■ Die Spiegeleier sowie die Tomaten- und Avocadoscheiben in die Schalen oder Teller geben. Alles mit frisch gemahlenem schwarzen Pfeffer bestreuen und servieren.

Variante
Statt Spiegeleiern passen auch pochierte Eier hervorragend zu diesem herzhaften Frühstück.

Dinkel-Emmer-Brot aus dem Topf

Zubereitungszeit: 15 Minuten
Gehzeit: ca. 16 Stunden
Backzeit: 40 Minuten

400 g Dinkelvollkornmehl und
Mehl für die Arbeitsfläche
100 g Emmervollkornmehl
1 TL Salz
10 g frische Hefe

Tipp
Dazu passt z. B. ein Frischkä-
se-Aufstrich mit Gurken: Dafür
¼ Salatgurke waschen, ab-
trocknen und in feine Würfel
schneiden. Mit 100 g körnigem
Frischkäse verrühren und mit
Salz und Pfeffer abschmecken.

Mein absolutes Lieblingsbrot! Bei der „No-Knead"-Methode muss nicht viel geknetet werden, die Arbeit erledigt die Hefe in Kombination mit viel Zeit ganz allein. Danach wird der Teig kurz in Form gebracht und backt im Topf als Backform zu einem viel-fältig einsetzbaren Brot mit extra-knuspriger Kruste.

▨ Das Dinkel- und das Emmermehl zusammen mit dem Salz in einer großen Schüssel mischen.

▨ Die Hefe in 350 ml lauwarmes Wasser bröckeln und unter Rühren auflösen. Die Flüssigkeit zur Mehlmischung geben und mit einem Löffel verrühren, bis ein loser lockerer Teig entsteht, bei dem sich alle Zutaten gerade eben vermengt haben.

▨ Die Schüssel abdecken und den Teig an einem warmen Ort ca. 2 Stunden gehen lassen. Danach für mindestens 12 Stunden in den Kühlschrank stellen.

▨ Den Teig aus der Schüssel nehmen und auf einer bemehlten Arbeitsfläche mit den Händen etwas ausbreiten. Die Kanten zur Mitte hin einschlagen, dann den Prozess wiederholen. Ein run-des Brot formen. Eine Schüssel mit einem sauberen Leinentuch auslegen oder ein Gärkörbchen mit Mehl ausstäuben. Die Teig-kugel hineinlegen und noch einmal 2 Stunden gehen lassen.

▨ Einen ofenfesten Topf mit dicht schließendem Deckel in den Backofen stellen und den Backofen auf 220 °C vorheizen (Um-luft 200 °C). Den Topf 20 Minuten erhitzen, dann den Deckel ab-nehmen und den Brotlaib vorsichtig hineinstürzen. Den Deckel aufsetzen und das Brot ca. 25 Minuten backen. Dann den Deckel abnehmen und das Brot in weiteren 15 Minuten fertig backen. Herausnehmen und auf einem Kuchengitter abkühlen lassen.

▨ Alternativ kann das Brot ohne Topf gebacken werden: Den Backofen mitsamt Backblech auf 250 °C vorheizen (Umluft 230 °C). Eine kleine, ofenfeste Schale mit Wasser auf den Ofenboden stellen. Die Teigkugel vorsichtig auf das Backblech stürzen und 20 Minuten backen. Danach die Temperatur auf 220 °C herun-terschalten und das Brot in weiteren 15 Minuten fertig backen. Herausnehmen und auf einem Kuchengitter abkühlen lassen.

Vorspeisen und kleine Gerichte

Ob als Teil eines Menüs oder als ein kleines, eigenständiges Gericht – die Rezepte in diesem Kapitel sind leckere Kleinigkeiten für alle Gelegenheiten.

Sie finden hier knackige Salate mit abwechslungsreichen Dressings, cremige und würzige Suppen, im Ofen geschmorte Gemüsevarianten und „Auf-die-Hand-Gerichte" wie das Sandwich mit Avocado-Basilikum-Mayo oder die herzhaften Muffins.

Die meisten Rezepte sind schnell und einfach zubereitet, und natürlich werden auch hier alle Gerichte aus frischen Zutaten und ohne jegliche Fertigprodukte gekocht. Aber auch an Ihre gesunde, zuckerfreie Verpflegung bei der Arbeit wurde gedacht: Alle Gerichte können Sie mitnehmen und als Büro-Lunch genießen.

Basis-Salat

Zubereitungszeit: 15 Minuten
Für 2 Portionen bzw.
4 Portionen als Beilagensalat

2 große Handvoll grüner Salat
(z.B. Romana-, Feld- oder Kopfsalat, Spinatblätter)
½ Salatgurke
1 Paprikaschote
150 g Tomaten
100 g Gemüse nach Belieben,
z. B. Champignons, Möhren oder
Radieschen
1–2 TL Apfelessig
Salz, Pfeffer aus der Mühle
2 EL natives Olivenöl extra
1 Handvoll Topping nach Wahl,
z. B. Nüsse oder Kerne, Käse,
Sprossen

Salat ist das vielfältigste Gericht, das ich kenne. Es gibt ihn in tausendundeiner Variante, und er passt eigentlich immer und überall. Ein unkompliziertes Rezept für einen Basis-Salat sollte man immer parat haben. Betrachten Sie es auch als kleine Erinnerung daran, jeden Tag etwas Grün in Ihren Essensplan einzubauen.

■ Die Salatblätter gründlich waschen und gut trockenschleudern. Die Gurke waschen und bei Bedarf schälen. Die Paprika, die Tomaten und das Gemüse waschen und abtrocknen.

■ Die Salatblätter in mundgerechte Stücke schneiden oder zupfen. Die Gurke in dünne Scheiben schneiden. Die Tomaten ebenfalls in Scheiben oder in mundgerechte Stücke schneiden, dabei von den Stielansätzen befreien. Kleine Tomaten halbieren oder vierteln. Die Paprika halbieren, vom Kerngehäuse befreien und würfeln. Restliches Gemüse ggf. putzen und ebenfalls in Würfel oder in feine Scheiben schneiden. Alles zusammen auf einer Salatplatte oder in einer Schüssel mischen.

■ Für das Dressing den Apfelessig mit je einer guten Prise Salz und Pfeffer verrühren. Das Olivenöl unterschlagen und das Dressing über den Salat träufeln. Mit Toppings nach Wahl bestreuen und servieren.

Tipps
Ein bunter Salat ist eine ideale Mahlzeit, um Reste zu verwerten. Nicht nur Kartoffeln oder Nudeln vom Vortag sind eine tolle Bereicherung, auch übrig gebliebenes Gemüse macht im Salat eine gute Figur.
Wenn Sie Ihren Salat mit zur Arbeit nehmen möchten, transportieren Sie das Dressing und die Toppings getrennt vom Salat in kleinen Vorratsbehältern. So weichen vor allem die empfindlichen Salatblätter nicht durch.
Abwechslungsreiche Dressings finden Sie auf den nächsten Seiten.

Zitronen-Thymian-Dressing

Geeignet für Schritt 1–7

**Zubereitungszeit: 10 Minuten
Zeit zum Durchziehen:
10 Minuten
Für 50 ml Dressing**

½ Bio-Zitrone
2 Stängel Thymian
1 Prise gem. Kardamom
1 Prise Salz
2 EL natives Olivenöl extra

■ Die Zitrone heiß waschen und von der Schale 1 Teelöffel fein abreiben. 1 Esslöffel Saft auspressen. Den Thymian waschen und abtrocknen, die Blättchen abzupfen und fein hacken. Den Zitronensaft mit dem Thymian, dem Kardamom und dem Salz verrühren. Das Olivenöl unterschlagen und das Dressing 10 Minuten ziehen lassen.

Passt zu: Blattsalat und blanchiertem Gemüse

Joghurt-Kräuter-Dressing

Geeignet für Schritt 1–7

**Zubereitungszeit: 5 Minuten
Für 75 ml Dressing**

3 EL Joghurt
1 Spritzer Apfelessig
2 EL gehackte Kräuter (z. B. Petersilie, Dill, Schnittlauch)
Salz, Pfeffer aus der Mühle
2 EL natives Olivenöl extra

■ Den Joghurt mit dem Apfelessig und den gehackten Kräutern verrühren und mit Salz und Pfeffer würzen. Das Olivenöl unterschlagen und noch einmal abschmecken.

Passt zu: Frühlingsgemüse-Salaten, als Dipp zu Gemüse

Ingwer-Sesam-Dressing

**Zubereitungszeit: 10 Minuten
Für 50 ml Dressing**

2 TL Sesamsaat
1 Stück Ingwer, ca. 2 cm
1 kleine Knoblauchzehe
1 TL Sojasauce
1 TL Reisessig oder Apfelessig
1 TL Reissirup (optional)
3 EL Sesamöl

■ Die Sesamsaat in einer Pfanne ohne Fett anrösten und beiseite stellen.

■ Den Ingwer und den Knoblauch schälen und fein reiben. Mit der Sojasauce, dem Essig und nach Belieben dem Reissirup verrühren. Das Sesamöl und die Sesamsaat unterrühren.

Passt zu: Wildkräutersalaten, asiatischen Gemüse- oder Glasnudelsalaten

Tomaten-Dressing

**Zubereitungszeit: 10 Minuten
Für 50 ml Dressing**

1 kleine Tomate (ca. 50 g)
Salz, Pfeffer aus der Mühle
1 EL natives Olivenöl extra

■ Die Tomate waschen und kreuzförmig einschneiden. In kochendes Wasser tauchen und 10 Sekunden blanchieren. Herausnehmen und in kaltem Wasser abschrecken. Die Haut abziehen, die Kerne entfernen und die Tomate würfeln.

■ Die Tomatenwürfel mit einer Prise Salz und Pfeffer pürieren, dann das Olivenöl unterrühren.

Passt zu: Salaten mit festem Grün (z. B. Romana-, Rucola- oder Endiviensalat) und Gemüse

Lauwarmer Möhrensalat

Zubereitungszeit: 45 Minuten
Für 2 Portionen

500 g Möhren, möglichst gleich groß
1 EL natives Olivenöl extra
½ TL gem. Kreuzkümmel
Salz, Pfeffer aus der Mühle
½ rote Zwiebel
½ rote Chilischote
2 Zweige Petersilie
½ Avocado
50 g fester Ziegenkäse oder Ziegenrolle

■ Den Backofen auf 180 °C vorheizen (Umluft 130 °C). Die Möhren schälen und in 2 cm dicke Scheiben schneiden. In einer Auflaufform mit dem Olivenöl, dem Kreuzkümmel und einer Prise Salz und Pfeffer mischen. Ca. 30 Minuten im vorgeheizten Ofen backen und etwas abkühlen lassen.

■ Inzwischen die Zwiebel schälen und in feine Scheiben schneiden. Die Chilischote waschen und abtrocknen, von den Kernen und Samenfäden befreien und fein würfeln. Die Petersilie waschen, trockentupfen und hacken. Die Avocado schälen, würfeln oder mit dem Melonenausstecher Kugeln ausstechen. Alles auf einer Salatplatte oder in einer Schüssel mit den Möhren mischen. Den Ziegenkäse zerbröckeln und über den lauwarmen Salat streuen.

Rotkohlsalat mit Pekannüssen

Zubereitungszeit: 25 Minuten
Für 2 Portionen

1 Orange
1 Sternanis
4 Pfefferkörner
1 EL natives Olivenöl extra
Salz
400 g Rotkohl
25 g Pekannusskerne

■ Die Orange halbieren, eine Hälfte auspressen. Die Pfefferkörner zerstoßen und zusammen mit der Sternanis und dem Orangensaft aufkochen. 10 Minuten ziehen lassen. Durch ein Sieb gießen, mit dem Olivenöl verrühren und mit einer kräftigen Prise Salz würzen.

■ Den Rotkohl fein hobeln oder mit einem scharfen Messer in feine Streifen schneiden. Mit dem Dressing vermischen.

■ Die zweite Orangenhälfte schälen und das Fruchtfleisch filetieren. Die Pekannüsse grob zerbrechen und in einer Pfanne ohne Fett anrösten. Den Salat mit Salz abschmecken und mit den Orangenfilets mischen. Die Nüsse darüber streuen.

Griechischer Salat mit gebackenem Kräuter-Feta

Zubereitungszeit: 15 Minuten
Backzeit: 15 Minuten
Für 2 Portionen

Für den gebackenen Feta:

200 g Fetakäse
2 Zweige Thymian
2 kleine Zweige Rosmarin
Pfeffer aus der Mühle
1 EL natives Olivenöl extra

Für den Salat:

300 g Tomaten
½ Gurke
½ grüne oder gelbe Paprikaschote (siehe Tipp)
1 kleine rote Zwiebel
10 schwarze Oliven
1 Prise Salz, Pfeffer aus der Mühle
1 TL Rotweinessig
2 EL natives Olivenöl extra
½ TL getrockneter Oregano

Der griechische Bauernsalat „Horiatiki" ist der Salat, den es bei mir zu Hause mit Abstand am häufigsten gibt, denn er geht schnell, erfrischt und weckt bei mir auch nach Jahren immer noch Fernweh nach blauem Meer und Sandstrand. Hier bereite ich ihn zur Abwechslung mal mit gebackenem Feta zu. Kali orexi!

■ Den Backofen auf 200 °C vorheizen (Umluft 180 °C). Zwei Streifen Backpapier von ca. 30 x 30 cm Größe zuschneiden.

■ Den Feta halbieren und jede Hälfte auf ein Stück Backpapier legen. Mit je einem Thymian- und Rosmarinzweig belegen und mit Pfeffer bestreuen. Je ½ Esslöffel Olivenöl darüber träufeln. Das Backpapier an den Enden verzwirbeln und den Feta 15 Minuten im vorgeheizten Ofen backen, bis der Käse weich und leicht gebräunt ist.

■ Inzwischen die Tomate, die Gurke und die Paprika waschen und abtrocknen. Die Tomaten je nach Größe vierteln oder achteln und dabei von den Stielansätzen befreien. Die Gurke in ca. ½ cm dicke Scheiben schneiden. Die Paprika vom Kerngehäuse befreien und in ca. 1 cm breite Ringe schneiden. Die Zwiebel schälen und in feine Ringe schneiden.

■ Die Tomatenstücke, die Gurkenscheiben und die Paprikaringe auf zwei Tellern anrichten. Die Zwiebelringe und die Oliven auf dem Gemüse verteilen.

■ Den Rotweinessig mit dem Olivenöl verrühren. Den Salat mit dem Dressing beträufeln und mit Salz und Pfeffer würzen. Mit dem Oregano bestreuen. Den Feta aus dem Ofen nehmen und zusammen mit dem Salat servieren.

Tipp:
Klassischerweise gehören grüne Paprikaschoten in den Salat. Doch wie immer ist das Geschmackssache – mir persönlich schmecken gelbe Paprika noch besser. Probieren Sie es aus und finden Sie Ihren Favoriten!

Blumenkohlsuppe mit Chermoula

Zubereitungszeit: 30 Minuten
Für 2 Portionen

Für die Chermoula:
½ Bund Koriander
½ Bund Petersilie
1 Knoblauchzehe
1 EL Zitronensaft
½ TL gem. Koriander
½ TL rosenscharfes Paprikapulver
Salz, Pfeffer aus der Mühle
2 EL natives Olivenöl extra

Für die Suppe:
250 g Blumenkohl
500 ml Gemüsebrühe
1 Knoblauchzehe
1 EL Butter oder natives Olivenöl extra
50 ml (pflanzliche) Milch oder Sahne
Salz, Pfeffer aus der Mühle

Info
Ich liebe meinen Standmixer und nutze ihn für so viel mehr als nur für Smoothies. Zum Beispiel mixt er diese Blumenkohlsuppe wunderbar luftig und cremig, und auch die pikante Chermoula gelingt darin. Leistungsstarke Standmixer sind glücklicherweise sehr erschwinglich geworden, so dass sich die Anschaffung wirklich lohnt.

Blumenkohl ist der neue Grünkohl! Zumindest, was den Trendfaktor dieses Gemüses betrifft. Mit seinem hohen Gehalt an Vitaminen, Folsäure, Magnesium und Kalium ist Blumenkohl nicht nur gesund, sondern ein sehr gut verträglicher Alleskönner, der mit vielem harmoniert. Richtig zubereitet schmeckt er immer wieder anders, aber ganz bestimmt nicht nach fader Gemüsepampe.

■ Zunächst die Chermoula zubereiten: Koriander und Petersilie waschen und trockenschleudern, dann fein hacken. Den Knoblauch schälen und grob zerkleinern. Kräuter und Knoblauch zusammen mit Zitronensaft, Koriander, Paprikapulver und je einer Prise Salz und Pfeffer in der Küchenmaschine oder mit dem Pürierstab zu einem feinen Püree verarbeiten. Das Olivenöl unterrühren und mit etwas Salz und evtl. mehr Zitronensaft abschmecken. Alternativ die Kräuter und den Knoblauch sehr fein hacken und mit den übrigen Zutaten im Mörser zu einer Paste zerstoßen, dabei das Olivenöl zum Schluss einrühren.

■ Für die Suppe den Blumenkohl waschen und in kleine Röschen teilen. Die Gemüsebrühe aufkochen und den Blumenkohl darin ca. 10 Minuten garen.

■ Inzwischen die Knoblauchzehe pellen und grob hacken. In einer kleinen Pfanne die Butter oder das Olivenöl erhitzen und den Knoblauch darin weich dünsten.

■ Den gegarten Blumenkohl mit einer Schaumkelle herausnehmen und zusammen mit 1 Tasse Brühe, der Milch und jeweils 1 Prise Salz und Pfeffer in den Standmixer füllen. Den Knoblauch und die Butter dazugeben. Die Suppe bei mittlerer Geschwindigkeit fein pürieren, anschließend bei hoher Geschwindigkeit 1–2 Minuten mixen, bis die Konsistenz cremig und luftig ist. Bei Bedarf weitere Brühe angießen. Alternativ die Zutaten mit einem Pürierstab bei hoher Geschwindigkeit in einem Mixbecher pürieren.

■ Die Suppe abschmecken und in zwei Teller füllen. Mit der Chermoula beträufeln und servieren.

Grüne Erbsensuppe mit Knoblauchcroûtons und Garnelenspieß

Zubereitungszeit: 30 Minuten
Für 2 Portionen

2 Scheiben Vollkornbrot
2 Knoblauchzehen
1 EL und 2 TL natives Olivenöl extra
2 Frühlingszwiebeln
400 ml Gemüsebrühe
300 g Erbsen, frisch oder TK
2 EL Sahne
8 geschälte Garnelen
Salz, Pfeffer aus der Mühle

Eine gute Suppe wärmt Körper und Seele. In dieser grünen Erbsensuppe treffen die frischen Aromen der Erbsen auf würzigen Knoblauch und knusprige Croûtons aus Vollkornbrot (das Brot von Seite 69 eignet sich ganz hervorragend dafür!). Die Garnelenspieße runden das Ganze ab.

■ Für die Croûtons die Brotscheiben in Würfel von 1 x 1 cm Kantenlänge schneiden. Die Knoblauchzehen schälen und in feine Scheiben schneiden. In einer großen Pfanne 1 Esslöffel Olivenöl bei mittlerer Hitze erhitzen und die Knoblauchscheiben zusammen mit einer Prise Salz sanft anschwitzen. Die Brotwürfel dazugeben und unter häufigem Rühren beides so lange braten, bis der Knoblauch und die Brotwürfel knusprig sind. Herausnehmen und zur Seite stellen. Die Pfanne nicht abwaschen.

■ Die Frühlingszwiebeln waschen, putzen und in Ringe schneiden. In einem großen Topf 1 Teelöffel Olivenöl erhitzen und die Zwiebelringe bei mittlerer Hitze glasig anschwitzen. Mit der Gemüsebrühe ablöschen und die Erbsen dazugeben. Die Suppe einmal aufkochen und dann 2 Minuten ziehen lassen, bis die Erbsen gar sind. 2 Esslöffel Erbsen abnehmen und beiseite stellen. Die Sahne in die Suppe gießen und alles im Standmixer oder mit dem Pürierstab fein pürieren. Mit Salz und Pfeffer abschmecken und warm halten.

■ Die Garnelen waschen und trocken tupfen. Je 4 Garnelen auf einen Holzspieß stecken und mit Salz und Pfeffer würzen. 1 Teelöffel Olivenöl in der Pfanne erhitzen und die Garnelenspieße darin von beiden Seiten scharf anbraten, bis sie gar sind.

■ Die Suppe auf zwei Teller oder Schalen verteilen und mit je 1 Garnelenspieß, der Hälfte der Knoblauchcroûtons und 1 Esslöffel Erbsen garnieren.

Asiatischer Gemüsetopf

Zubereitungszeit: 25 Minuten
Für 2 Portionen

50 g Soba-Nudeln
25 g Ingwer
2 Frühlingszwiebeln
¼ Romanesco (oder Brokkoli, ca. 150 g)
50 g Pilze (z. B. Austernpilze, Shiitake, kleine Champignons)
1 kleine Möhre
¼ rote Paprikaschote
25 g Zuckerschoten
¼ Bund Koriander
¼ Chilischote (optional)
600 ml Gemüsebrühe
½ EL Sojasauce, mehr zum Abschmecken
Pfeffer aus der Mühle
1–2 EL Limettensaft

Variante:
Die Suppe wird gehaltvoller, wenn Sie etwas Fisch darin pochieren: Schneiden Sie ca. 150 g Fischfilet, z. B. Kabeljau, in schmale Streifen und geben Sie diese zusammen mit den Pilzen zur Suppe.

Wie bei vielen asiatisch inspirierten Gerichten liegt hier die meiste Arbeit vor dem eigentlichen Kochen: Viel frisches Gemüse wird in feine Streifen geschnitten. Danach geht alles ganz schnell – bis eine dampfende, würzige Suppe auf dem Tisch steht, vergeht keine Viertelstunde! Das Gemüse können Sie je nach Saison und Geschmack variieren.

■ Die Soba-Nudeln in ausreichend Wasser nach Packungsanweisung kochen. Abgießen, gut abspülen und in einer Schüssel mit Wasser bedeckt beiseite stellen.

■ Während die Nudeln kochen, den Ingwer schälen und in feine Scheiben schneiden. Die Frühlingszwiebel putzen. Den weißen Teil erst in ca. 5 cm lange Stücke und dann längs in feine Streifen schneiden. Den grünen Teil in feine Ringe schneiden. Den Romanesco in Röschen teilen, waschen und abtropfen lassen. Größere Röschen halbieren. Die Pilze putzen und in Scheiben schneiden. Die Möhre schälen, putzen, waschen und zunächst in ca. 5 cm dicke Scheiben, dann in feine Streifen schneiden. Die Paprika waschen und putzen, in feine Streifen schneiden. Die Zuckerschoten waschen und abtropfen lassen, dann ebenfalls in feine Streifen schneiden.

■ Den Koriander waschen, trockenschleudern und die Blättchen von den Stängeln zupfen. Nach Belieben die Chilischote waschen, abtrocknen und in feine Ringe schneiden.

■ Die Gemüsebrühe aufkochen und mit der Sojasauce und einer guten Prise Pfeffer würzen. Den Ingwer, die Zwiebelstreifen und den Romanesco in die Brühe geben und 5 Minuten köcheln lassen. Die Pilze dazugeben und weitere 2 Minuten köcheln lassen. Die Möhren zufügen und eine weitere Minute köcheln lassen. Die Paprika- und Zuckerschotenstreifen zur Brühe geben und 1 Minute ziehen lassen.

■ Die Suppe mit dem Limettensaft und nach Bedarf mehr Sojasauce und Pfeffer abschmecken.

■ Die Soba-Nudeln auf zwei Suppenteller oder -schalen verteilen. Die Suppe darauf geben und mit den Zwiebelringen, den Korianderblättchen und der gehackten Chili bestreut servieren.

Fächer-Zucchini mit Gremolata

Zubereitungszeit: 20 Minuten
Backzeit: 40 Minuten
Für 2 Portionen

Für die Zucchini:
4 kleine Zucchini (je ca. 200 g)
1 EL natives Olivenöl extra
Salz

Für die Gremolata:
Abrieb von ½ Bio-Zitrone
1 Knoblauchzehe
3 Zweige glatte Petersilie
30 g Parmesan
Pfeffer aus der Mühle

Für die trendigen „Hasselback-Kartoffeln" werden Kartoffeln fächerartig tief eingeschnitten und dann im Ofen gebacken. Das Prinzip funktioniert auch bei anderen Gemüsesorten, wie zum Beispiel hier mit den Zucchini. Durch das Backen wird das Aroma der Zucchini besonders gut herausgekitzelt, und die zitronige Gremolata bildet einen schönen Kontrast.

◼ Den Backofen auf 200 °C vorheizen (Umluft 180 °C).

◼ Die Zucchini wachen und gut abtrocknen. Damit die Zucchini einen besseren Stand haben, mit einem Sparspäler längs einen Streifen abschälen, um eine gerade Standfläche zu erhalten. Mit dieser Seite nach unten auf ein Schneidebrett legen und einen Kochlöffel dicht neben die Zucchini legen. Dann mit einem scharfen Messer die Zucchini quer im Abstand von ca. 2 mm bis auf die Höhe des Kochlöffels einschneiden. Die Zucchini sollen an der Unterseite noch zusammenhalten.

◼ Die eingeschnittenen Zucchini mit ½ Esslöffel Olivenöl rundherum einpinseln und ca. 20 Minuten backen, bis sie sich etwas auffächern. Herausnehmen und mit restlichem Olivenöl einpinseln, auch zwischen den Scheiben. Weitere 15 Minuten backen.

◼ Inzwischen die Gremolata zubereiten: Den Zitronenabrieb fein hacken. Die Knoblauchzehe schälen und fein hacken. Die Petersilie waschen, trockentupfen und fein hacken. Den Parmesan fein reiben. Alles vermischen.

◼ Die Zucchini aus dem Ofen nehmen und mit der Gremolata bestreuen. Den Backofengrill einschalten und die Zucchini, je nach Ofenleistung, 3–5 Minuten überbacken.

◼ Herausnehmen, leicht abkühlen lassen und mit etwas frisch gemahlenem schwarzen Pfeffer bestreut servieren.

◼ Dazu passt frisches Brot und ein kleiner Salat. Die Fächer-Zucchini sind auch eine gute Beilage zu gegrilltem Fleisch.

Geeignet für Schritt 1–7

Gebackene Aubergine mit Tomaten-Salsa

Zubereitungszeit: 15 Minuten
Backzeit: 45 Minuten

2 Auberginen (je ca. 300 g)
1 TL und 1 EL natives Olivenöl extra
150 g kleine Tomaten
1 Frühlingszwiebel
4–5 Zweige Thymian und einige Zweige zum Dekorieren
1 TL Rotweinessig
Salz, Pfeffer aus der Mühle
50 g Feta

Dieses Gericht verdanke ich der griechischen Familie meines Mannes. Sie haben mir die Finessen der griechischen Küche jenseits von Gyros und „Grillteller Athene" gezeigt und mir die Welt der köstlichen Gemüsegerichte und Vorspeisenteller eröffnet. Seither rangieren Auberginen ganz weit oben in den Top Ten meiner Lieblingsgemüse!

■ Den Backofen auf 200 °C vorheizen (Umluft 180 °C).

■ Die Auberginen waschen und abtrocknen. Mit einer Gabel mehrfach einstechen und mit 1 TL Olivenöl einpinseln. Die Auberginen auf ein Backblech legen und ca. 45 Minuten im vorgeheizten Ofen backen, dabei mehrmals wenden.

■ Inzwischen die Tomaten waschen, abtrocknen, von den Stielansätzen befreien und klein würfeln. Die Frühlingszwiebel waschen, putzen und in feine Ringe schneiden. Die Thymianzweige waschen und trockentupfen, dann die Blättchen abzupfen. Tomaten, Zwiebeln und Thymian mischen. 1 Esslöffel Olivenöl mit dem Rotweinessig verrühren und mit dem Tomatensalat mischen. Mit Salz und Pfeffer würzen.

■ Die Auberginen aus dem Backofen nehmen und die Haut auf der Oberseite so abziehen, dass die Aubergine am Stielansatz und am unteren Ende noch zusammenhält. Das Fruchtfleisch längs zwei bis drei Mal bis fast auf den Boden einschneiden und auseinanderdrücken, sodass es sich leicht auffächert. Etwas abkühlen lassen.

■ Die Tomatensalsa auf den Auberginen verteilen. Den Feta zerbröckeln und auf der Salsa verteilen. Mit Thymianzweigen garnieren.

Tipp
Noch aromatischer wird die Aubergine, wenn sie auf dem Grill weich gegart wird. Dann sollte aber die Haut zum Schluss komplett abgezogen werden, da sie durch die direkte Hitze des Grills bitter schmecken kann.

Geeignet für Schritt 1, 2, 6 & 7

Gerösteter Blumenkohl mit Parmesan und Paprika-Dip

Zubereitungszeit: 25 Minuten
Backzeit: 15 Minuten

Für den Dip:
1 rote Paprikaschote
1 Knoblauchzehe
1 kleine rote Zwiebel
1 TL natives Olivenöl extra
1 TL Harissa-Paste
200 g gehackte Tomaten aus der Dose
Salz, Pfeffer aus der Mühle

Für den Blumenkohl:
500 g Blumenkohl
1 EL natives Olivenöl extra
½ TL edelsüßes Paprikapulver
Salz, Pfeffer aus der Mühle
30 g Parmesan

Wie so vielen Gemüsesorten bekommt auch dem Blumenkohl das Rösten im Ofen viel besser als das Kochen in Salzwasser. Mit goldbraun gebackenen Blumenkohlröschen habe ich noch jeden Skeptiker überzeugen können! Der leicht scharfe Paprika-Dip bringt zusätzlichen Schwung in die Sache.

■ Für den Dip die Paprika waschen und abtrocknen. Vierteln und vom Kerngehäuse befreien, dann in dünne Streifen schneiden. Den Knoblauch und die Zwiebel schälen und fein würfeln.

■ Das Olivenöl in einer Pfanne erhitzen und die Paprikastreifen, die Knoblauch- und Zwiebelwürfel darin bei mittlerer Hitze weich braten. Die Harissa-Paste unterrühren und mit den gehackten Tomaten ablöschen. Ca. 5 Minuten sanft köcheln lassen, dabei häufig umrühren. Die Hälfte der Gemüsemischung abnehmen und pürieren. Die andere Hälfte unterheben und den Dip mit Salz und Pfeffer abschmecken.

■ Den Backofen auf 180 °C vorheizen (Umluft 160 °C). Den Blumenkohl waschen und trocknen. In feine Röschen teilen.

■ In einer großen Schüssel das Olivenöl mit dem Paprikapulver, einer Prise Salz und etwas Pfeffer verrühren. Die Blumenkohlröschen dazugeben und alles gründlich vermengen. Auf einem Backblech verteilen und ca. 10 Minuten im vorgeheizten Ofen backen, bis der Blumenkohl fast gar ist.

■ Den Parmesan fein reiben. Auf dem Blumenkohl verteilen und weitere 5 Minuten backen, bis der Käse gebräunt ist.

■ Den Blumenkohl zusammen mit dem Dip servieren.

Tipp
Für eine vegane Variante des Gerichts lassen Sie den Parmesan weg und geben Sie noch ½ Teelöffel gemahlenen Kreuzkümmel zur Gewürzmarinade.

Pilze aus dem Ofen mit Knoblauch und Petersilie

Zubereitungszeit: 10 Minuten
Backzeit: 30 Minuten
Für 2 Portionen

600 g Pilze, z. B. Champignons
oder Kräutersaitlinge
2 Knoblauchzehen
1 EL Butter
2 EL natives Olivenöl extra
Salz, Pfeffer aus der Mühle
½ Bund Petersilie

Im Ofen gegarte Pilze sind nicht nur eine tolle Beilage oder ein Teil einer Vorspeisenplatte, sondern zusammen mit einer Scheibe geröstetem Brot auch ein schön aromatisches kleines Gericht. Sehr sympathisch ist mir auch, dass sie platzsparend im Ofen verschwinden und duftend wieder herauskommen.

■ Den Backofen auf 200 °C vorheizen (Umluft 180 °C).Die Pilze putzen. Kleine Pilze ganz lassen, größere Pilze halbieren oder in mundgerechte Stücke teilen. Den Knoblauch schälen und in feine Scheiben schneiden. Die Butter in kleine Stücke schneiden.

■ In einer großen Auflaufform die Pilze mit dem Knoblauch, dem Olivenöl, 1 Prise Salz und großzügig frisch gemahlenem Pfeffer mischen. Die Butterstückchen darüber verteilen.

■ Die Pilze für 25–30 Minuten im vorgeheizten Ofen backen, dabei gelegentlich umrühren. Kurz vor Ende der Garzeit den Grill zuschalten und die Pilze ca. 5 Minuten grillen, dabei nach der Hälfte der Zeit durchrühren. Die Flüssigkeit sollte dabei weitgehend verdampft sein.

■ Die Petersilie waschen, trockentupfen und nicht zu fein hacken. Unter die Pilze heben und warm oder lauwarm servieren.

Rindfleischspieße mit Hirsesalat

Zubereitungszeit: 40 Minuten
Marinierzeit: 30 Minuten
Für 2 Portionen

Für die Spieße:

1 EL Erdnussmus
½ EL Sesamöl
1 TL Apfelessig
1 TL Sojasauce
1 Prise Chilipulver
1 Knoblauchzehe
150 g Rumpsteak
1 EL Sesamöl zum Braten

Für den Hirsesalat:

75 g Hirse
¼ TL gem. Kurkuma
50 g Erbsen [frisch oder TK]
½ rote Paprikaschote
2 Zweige glatte Petersilie
Salz, Pfeffer aus der Mühle
1 EL natives Olivenöl extra
1 TL Apfelessig
1 Frühlingszwiebel

Variante
Bereiten Sie die Spieße auch einmal mit Hähnchenfleisch zu. Für eine vegetarische Variante eignen sich Zucchini- und Paprikastückchen, die aber nur kurz in der Marinade gewendet werden müssen.

Die Fleischspieße und der bunte Hirsesalat schmecken warm und kalt und lassen sich so auch prima als Büro-Lunch einpacken. Würzen Sie die thailändisch inspirierte Marinade nach Belieben mit mehr oder weniger Chili, oder fügen Sie einen halben Teelöffel Currypaste hinzu. Aus den Zutaten der Marinade können Sie alternativ auch eine leckere Dipsauce zubereiten.

■ Für die Marinade das Erdnussmus mit Sesamöl, Apfelessig, Sojasauce und Chilipulver in einer Rührschüssel glatt rühren. Wenn die Sauce zu dickflüssig ist, 1–2 Esslöffel Wasser einrühren. Die Knoblauchzehe schälen und sehr fein hacken oder durch die Knoblauchpresse drücken. In die Marinade rühren.

■ Das Rumpsteak waschen und trockentupfen. Mit einem scharfen Messer in sehr schmale Streifen schneiden und zur Marinade geben. Alles gründlich vermengen. Die Schüssel abdecken und das Fleisch ca. 30 Minuten marinieren lassen. Währenddessen 4 große oder 6 kleinere Holzspieße in Wasser einlegen.

■ Inzwischen den Hirsesalat zubereiten. Dafür die Hirse in ein Sieb geben, gründlich abspülen und abtropfen lassen. Zusammen mit der Kurkuma nach Packungsanweisung garen. 2 Minuten vor Ende der Garzeit die Erbsen hinzufügen.

■ Die Paprika waschen, abtrocknen und das Kerngehäuse entfernen. In sehr feine Würfel schneiden. Die Frühlingszwiebel waschen, putzen und in feine Ringe schneiden. Die Petersilie waschen, trockentupfen und fein hacken.

■ Die gegarte Hirse in eine Schale geben und mit Salz, Pfeffer, Olivenöl und Apfelessig würzen. Die Paprika, die Frühlingszwiebel und die Petersilie zur Hirse geben und alles gut vermengen.

■ Die marinierten Rindfleischstreifen wellenförmig auf die Holzspieße stecken. Das Sesamöl in einer Grillpfanne erhitzen und die Spieße darin bei mittlerer Hitze rundherum braten.

■ Den Salat noch einmal abschmecken und mit den Spießen servieren.

Tomatensauce für den Vorrat

Zubereitungszeit: 10 Minuten
Kochzeit: 1½ Stunden
Zzgl. Zeit zum Einkochen
oder Gefrieren
Für ca. 600 ml Sauce

2 Knoblauchzehen
1 Zwiebel
5 EL natives Olivenöl extra
800 g gehackte Tomaten aus der
Dose
Salz, Pfeffer aus der Mühle
2 Zweige Basilikum

Tipp
Verwenden Sie zum Haltbar-
machen Gläser oder Gefäße
in für Sie praktischen Größen.
Lieber mehrere kleine Gläser
als nur wenige große verwenden. Beschriften nicht vergessen!

Eine gute Tomatensauce ist ein Klassiker, den Sie unbedingt im Vorratsschrank haben sollten! Damit müssen Sie nie wieder auf gekaufte Saucen mit teils fragwürdigen Zutaten zurückgreifen und haben im Handumdrehen eine Pizzasauce fertig Das Rezept lässt sich sehr einfach vervielfachen, je nach Platz in Ihrem Vor-rats- und Tiefkühlschrank.

■ Die Knoblauchzehen schälen und fein hacken. Die Zwiebeln ebenfalls schälen und in kleine Würfel schneiden.

■ In einem großen Topf mit schwerem Boden das Olivenöl auf mittlerer Stufe erhitzen und die Zwiebeln darin glasig dünsten. Den Knoblauch dazugeben und alles unter Rühren weitere 1–2 Minuten garen. Die Tomaten dazu geben. Die Dosen mit 200 ml Wasser ausspülen, das Wasser ebenfalls in den Topf geben. Alles einmal aufkochen lassen und dann zugedeckt bei sehr geringer Hitze ca. 1 Stunde köcheln lassen, dabei hin und wieder umrühren.

■ Die Sauce mit Salz und Pfeffer abschmecken. Die Basilikum-zweige waschen und trockentupfen. Zur Sauce geben und alles weitere 15 Minuten köcheln lassen. Die Sauce sollte deutlich ein-gedickt sein und das Olivenöl sich an der Oberfläche absetzen.

■ Nach Belieben die Sauce teilweise oder ganz pürieren. In ste-rilisierte, saubere Gläser füllen und fest verschließen. Abkühlen lassen und zum baldigen Verbrauch im Kühlschrank aufbewahren (hält sich dort ca. 3 Tage).

■ **Zum Einkochen:** Den Boden eines großen Topfs mit einem Geschirrtuch auslegen. Die befüllten Gläser darauf stellen. Hei-ßes Wasser in den Topf gießen, so dass die Gläser zu ¾ im Was-ser stehen. Das Wasser auf kleiner Stufe auf 90 °C erhitzen und anschließend 30 Minuten auf dieser Temperatur köcheln lassen. Danach die Gläser sofort aus dem Wasser heben und auf einem Küchenhandtuch abkühlen lassen.

■ **Zum Einfrieren:** Die Tomatensauce im Topf abkühlen lassen. Randvoll in gut verschließbare, gefriergeeignete Vorratsbehälter füllen, verschließen und bis zu 6 Monate im Tiefkühler aufbe-wahren.

Sandwich mit Avocado-Basilikum-Mayo

Zubereitungszeit: 20 Minuten
Für 2 Portionen

4 Scheiben Sauerteigbrot oder
Landbrot
2 Tomaten
¼ Salatgurke
1 Handvoll Salatblätter (z. B.
Kopfsalat oder Rucola)
½ Bund Basilikum (ca. 4 Zweige)
½ kleine Knoblauchzehe (optional)
1 kleine, vollreife Avocado
3–4 EL natives Olivenöl extra
Salz, Pfeffer aus der Mühle
1 Prise gem. Chili (optional)
30 g Ziegenrolle

Das belegte Brot oder Brötchen ist bestimmt mit Abstand das häufigste Essen für unterwegs. Wenn ich etwas mehr Zeit zur Vorbereitung habe, toaste ich die Brotscheiben gern, bevor ich die Sandwiches großzügig mit Avocado-Mayo bestreiche und mit viel Grünzeug belege. Bei der Füllung sind der Fantasie keine Grenzen gesetzt!

■ Das Brot knusprig toasten und abkühlen lassen.

■ Die Tomaten und die Gurke waschen, Tomaten von den Stielansätzen befreien und beides in dünne Scheiben schneiden. Die Salatblätter waschen und trockenschleudern.

■ Das Basilikum waschen und trockentupfen, dann grob hacken. Die Knoblauchzehe schälen und hacken. Die Avocado halbieren, den Kern entfernen und das Fruchtfleisch herauslöffeln. Die Avocado zusammen mit dem Basilikum und dem Knoblauch in einem hohen Rührbecher sehr glatt pürieren. Nach und nach das Olivenöl angießen und so lange mixen, bis eine dickliche Konsistenz entsteht. Mit Salz, Pfeffer und nach Belieben Chili abschmecken.

■ Die getoasteten Brotscheiben mit der Avocado-Mayonnaise bestreichen. Zwei Scheiben mit den Salatblättern sowie den Gurken- und Tomatenscheiben belegen. Den Ziegenkäse in feine Scheiben schneiden oder zerbröckeln und das Brot damit belegen. Die beiden anderen Brotscheiben darauflegen und etwas andrücken. Die Sandwiches in der Mitte durchschneiden. Zum Transport in Butterbrotpapier einwickeln.

Geeignet für Schritt 1–7

Spinat-Muffins mit Frischkäse

Zubereitungszeit: 20 Minuten
Backzeit: 20 Minuten
Für 12 Stück

1 Knoblauchzehe
150 g Spinatblätter (oder ca.
100 g TK-Spinat, aufgetaut)
1 EL natives Olivenöl extra, plus
mehr zum Ausfetten
200 g Dinkelvollkornmehl
2 TL Weinstein-Backpulver
1 knapper TL Salz
Pfeffer aus der Mühle
50 ml natives Olivenöl extra
1 Ei
125 ml Milch, plus evtl. 1 EL
200 g Frischkäse
Paprikapulver zum Bestreuen,
z. B. Piment d'Espelette

Die kleinen, würzigen Törtchen ergeben zusammen mit einem Salat ein leichtes Mittagessen oder eine schöne Vorspeise (nicht nur) für Gäste. Die Muffins lassen sich – ohne die Frischkäsehaube – auch sehr gut einfrieren und aufbacken. Wenn Sie mögen, bröckeln Sie vor dem Backen 50 g Fetakäse in den Teig oder belegen ihn mit einer Scheibe Ziegenrolle.

■ Den Backofen auf 180 °C (Umluft 160 °C) vorheizen. Die Mulden eines Muffinblechs mit etwas Olivenöl einpinseln.

■ Die Knoblauchzehe schälen und fein hacken. Den Spinat gründlich waschen und trockenschleudern. TK-Spinat gründlich auspressen. 1 Esslöffel Olivenöl in einer großen Pfanne auf mittlerer Stufe erhitzen und den Knoblauch darin sanft anschwitzen. Die Spinatblätter dazugeben und zusammenfallen lassen. Herausnehmen und abkühlen lassen.

■ Das Mehl mit dem Backpulver, dem Salz und einer guten Prise Pfeffer in einer kleinen Schale mischen.

■ In einer großen Rührschüssel das Olivenöl mit dem Ei schaumig aufschlagen. Mit einem Esslöffel abwechselnd die Mehlmischung und die Milch einrühren, dabei nicht zu stark rühren. Den gegarten Spinat mittelfein hacken und unter den Teig heben.

■ Den Teig in die Förmchen füllen und ca. 20 Minuten im vorgeheizten Ofen goldbraun backen. Etwas abkühlen lassen.

■ Den Frischkäse glatt verrühren, bei Bedarf 1 Esslöffel Milch hinzufügen. Mit dem Löffel oder dem Messer auf den Muffins verstreichen und mit etwas Paprikapulver bestreuen.

Tipp
Für eine frische Geschmacksnote 1 Esslöffel fein gehackten Dill oder Petersilie unter den Frischkäse rühren.

Pikante Gemüse-Waffeln

Zubereitungszeit: 40 Minuten
Für 2 Portionen

Für die Waffeln:
300 g gemischtes Gemüse, roh
oder gekocht (z. B. Kartoffeln,
Möhren, Zucchini oder Brokkoli))
2 Frühlingszwiebeln
25 g Parmesan
50 g Dinkelvollkornmehl
½ TL Weinstein-Backpulver
¼ TL Natron
½ TL Salz
Pfeffer aus der Mühle
50 ml Buttermilch
2 Eier
1 EL natives Olivenöl extra
Öl zum Einfetten

Für den Dip:
150 g griechischer Joghurt oder
Naturjoghurt
1 EL gehackte Kräuter
Salz

Geht es Ihnen wie mir, und im Gemüsefach finden sich immer wieder einzelne Exemplare vergessener Möhren, Pastinaken oder Zucchini? Oder Vorratsdosen mit Resten von gekochtem Gemüse, das zu keinem neuen Gericht so richtig passen will? Dann lege ich Ihnen diese pikanten Waffeln ans Herz. Sie sind eine perfekte Resteverwertung – und eine wirklich leckere noch dazu.

■ Für die Variante mit rohem Gemüse die Gemüsesorten putzen, waschen oder schälen. In kleine Würfel schneiden und im Dampfgarer oder in wenig Wasser weich kochen. Herausnehmen und abkühlen lassen, dann in eine Schüssel geben und mit dem Kartoffelstampfer leicht stückig zerdrücken.

■ Bereits gekochtes Gemüse kleinschneiden und mit dem Kartoffelstampfer leicht stückig zerdrücken. Die Frühlingszwiebeln waschen, putzen und in feine Ringe schneiden. Den Parmesan fein reiben.

■ Mehl, Backpulver, Natron, Salz und eine gute Prise Pfeffer mischen. Bei der Verwendung von bereits gekochtem, gesalzenem Gemüse weniger Salz verwenden.

■ Für den Dip den Joghurt mit den Kräutern und einer Prise Salz verrühren. Das Waffeleisen vorheizen.

■ In einer großen Schüssel die Buttermilch mit den Eiern und dem Olivenöl verschlagen. Das zerstampfte Gemüse, die Frühlingszwiebeln und den geriebenen Parmesan zufügen und gut unterrühren. Die Mehlmischung dazugeben und mit einem Löffel unterheben.

■ Das Waffeleisen einfetten und portionsweise 4–6 Waffeln ausbacken. Zusammen mit dem Dip servieren.

■ Dazu passt ein grüner Salat.

Gerösteter Rosenkohl auf Pastinaken-Püree

**Zubereitung: 30 Minuten
Backzeit: 10 Minuten
Für 2 Portionen**

250 g Pastinaken
300 g mehligkochende Kartoffeln
Salz
1 EL natives Olivenöl extra
Pfeffer aus der Mühle
300 g Rosenkohl, möglichst
gleich große Köpfe
1 EL körniger Senf
2 Zweige Petersilie

Auch für den Rosenkohl gilt: Vergessen Sie alle Erinnerungen aus früheren Zeiten an zermatschtes und zu Tode gekochtes Gemüse. Der Rosenkohl in diesem Rezept bleibt grün und knackig durch das Blanchieren und erhält durch den körnigen Senf eine aromatische Note. Dazu das leicht süßliche Püree mit Pastinaken: Pures Winterglück!

■ Die Pastinaken und die Kartoffeln schälen, waschen und in ca. 1 cm große Würfel schneiden. In einem Topf mit kaltem Wasser bedecken, leicht salzen und in ca. 15 Minuten weich kochen. 1 Tasse von der Kochflüssigkeit abnehmen, dann das Gemüse abgießen. Mit dem Kartoffelstampfer zu Püree verarbeiten. Für ein sehr feines Püree den Pürierstab verwenden. Dabei so viel von der Kochflüssigkeit angießen, dass die Konsistenz cremig wird. ½ Esslöffel Olivenöl unterrühren, mit Salz und Pfeffer abschmecken und das Püree warmhalten.

■ Während die Kartoffeln und Pastinaken kochen, den Backofen auf 200 °C vorheizen (Umluft 180 °C).

■ Den Rosenkohl putzen und waschen. Im Dampfgarer ca. 5 Minuten garen, dann in eiskaltem Wasser abschrecken und gut abtropfen lassen. Alternativ 3–4 Minuten in kochendem Wasser garen, anschließend abschrecken und abtropfen lassen.

■ Den Senf mit dem restlichen ½ Esslöffel Olivenöl und je einer Prise Salz und Pfeffer verrühren. Den Rosenkohl darin gut wälzen, sodass die Röschen mit der Marinade bedeckt sind. Auf ein Backblech verteilen und ca. 10 Minuten im vorgeheizten Ofen backen.

■ Die Petersilie waschen, trockentupfen und fein hacken. Zum Anrichten das Püree auf zwei Teller verteilen und den gerösteten Rosenkohl darauf setzen. Mit Petersilie und nach Belieben mit etwas Pfeffer bestreuen.

Hauptgerichte

H ier sind die „Hauptsachen", feine Gerichte mit viel Gemüse, aber auch Fisch und Fleisch, die satt und glücklich machen. Damit Sie das Glück auch mitnehmen können, habe ich Gerichte gewählt, die sich sehr gut zum Aufwärmen eignen. So entgehen Sie in der Mittagspause den Versuchungen in der Kantine oder am Schnellimbiss nebenan – da hat die Currywurst keine Chance, Ihr zuckerreduziertes Leben zu torpedieren. Versuchen Sie den Lachsburger, der mit einer Chili-Mayo umwerfend schmeckt, das milde Kartoffel-Curry oder die feinen Kohlrabischnitzel mit der knusprigen Parmesan-Kruste!

Zitronen-Hähnchen mit Kartoffeln und Oliven

Zubereitungszeit: 30 Minuten
Backzeit: 30 Minuten
Für 2 Portionen

300 g kleine Kartoffeln
1 rote Zwiebel
1 Knoblauchzehe
1 Bio-Zitrone
2 Hähnchenschenkel oder
6 -flügel
Salz, Pfeffer aus der Mühle
edelsüßes Paprikapulver
2 EL natives Olivenöl extra
2 getr. Lorbeerblätter
75 g schwarze Oliven ohne Stein

Das duftende Ofengericht mit den Aromen von Zitrone und Lorbeer versetzt mich geschmacklich sofort ans Mittelmeer. Da bei diesem „One-Pot"-Gericht auch der Abwasch recht schnell geht, bleibt genug Zeit, um noch einmal die Urlaubsbilder hervorzuholen und in Erinnerungen zu schwelgen. Einmal Urlaub auf dem Teller!

■ Die Kartoffeln gründlich waschen, abtrocknen und halbieren oder in mundgerechte Stücke schneiden. Die Zwiebel schälen und achteln. Den Knoblauch schälen und in feine Scheiben schneiden. Die Zitrone heiß waschen und der Länge nach achteln.

■ Die Hähnchenteile waschen und trocken tupfen. Mit Salz, Pfeffer und etwas Paprikapulver würzen.

■ Den Backofen auf 200 °C vorheizen (Umluft 180 °C).

■ In einer ofenfeste Pfanne 1 Esslöffel Olivenöl erhitzen und die Hähnchenteile darin von beiden Seite kräftig anbraten. Herausnehmen und beiseite stellen. Die Kartoffelstücke und die Lorbeerblätter in die Pfanne geben und ca. 3 Minuten unter gelegentlichem Rühren anbraten. Die Zwiebeln dazugeben und alles weitere 2 Minuten braten. Den Knoblauch und die Oliven unterrühren. Die Zitronenachtel über den Kartoffeln leicht ausdrücken, dann mit in die Pfanne geben. Alles kräftig mit Salz und Pfeffer würzen. Die Hähnchenteile in die Pfanne geben und zwischen die Kartoffeln drücken.

■ Die Hähnchenpfanne im vorgeheizten Ofen ca. 30 Minuten garen, bis die Kartoffeln weich sind.

■ Dazu passt ein grüner Salat.

Kohlrabischnitzel mit Rote-Bete-Klößchen

Zubereitungszeit: 45 Minuten
Für 2 Portionen

Für die Klößchen
250 g mehligkochende Kartoffeln
Salz
150 g gegarte Rote Bete (vakuumiert)
1 Eigelb
frisch geriebene Muskatnuss
100 g Dinkel- oder Weizenvollkornmehl
1 EL Butter

Für die Kohlrabischnitzel
1 großer Kohlrabi
Salz, Pfeffer aus der Mühle
ca. 2 EL Mehl zum Wenden
1 Ei
20 g Parmesan
3 EL Semmelbrösel
1 EL Butterschmalz

Tipp
Keine Kartoffelpresse zur Hand? Dann kochen Sie die geschälten Kartoffeln im Ganzen und reiben Sie sie anschließend mit einer feinen Küchenreibe.

Eine feine Kombination: Krosse Kohlrabischnitzel treffen auf cremige Klößchen. Beides lässt sich super vorbereiten, sodass kurz vor dem Servieren die Klößchen nur noch einmal in etwas Butter geschwenkt und die Schnitzel gebraten werden müssen.

■ Für die Klößchen die Kartoffeln schälen, in kleine Würfel schneiden und in leicht gesalzenem Wasser weich kochen. Abgießen, etwas ausdampfen lassen und durch die Kartoffelpresse drücken. Die Rote Bete sehr fein reiben und gut ausdrücken. Mit dem Eigelb, einer guten Prise Salz und Muskatnuss in eine Schüssel geben und vermischen. Das Mehl einarbeiten, bis ein glatter Teig entsteht.

■ In einen großen Topf leicht gesalzenes Wasser zum Sieden bringen. Mit zwei Teelöffeln kleine Klößchen abstechen und portionsweise garen, bis sie oben schwimmen. Mit einer Schaumkelle herausnehmen, abtropfen lassen und warm halten.

■ Während die Kartoffeln kochen, den Kohlrabi schälen und in ca. 1 cm dicke Scheiben schneiden. Die Scheiben in Salzwasser ca. 5 Minuten garen, herausnehmen und trocken tupfen.

■ Das Mehl in einen tiefen Teller geben. Das Ei in einem zweiten Teller verschlagen. Den Parmesan fein reiben. Auf einem dritten Teller die Semmelbrösel mit dem Parmesan mischen. Die Kohlrabischeiben salzen und pfeffern. Erst im Mehl, dann im Ei wenden. Anschließend gut in die Semmelbrösel-Mischung drücken.

■ Das Butterschmalz in einer großen Pfanne erhitzen und die Kohlrabischnitzel auf mittlerer Stufe von beiden Seiten knusprig braun braten.

■ 1 Esslöffel Butter in einer zweiten Pfanne erhitzen und die Gnocchi darin kurz schwenken.

■ Dazu passen ein grüner Salat und ein Joghurt-Dip (z. B. aus 4 Esslöffeln Naturjoghurt, 1 Esslöffel gehackten Kräutern, etwas Olivenöl, Pfeffer und Salz.)

Ratatouille-Röllchen

Zubereitungszeit: 1 Stunde
Backzeit: 20 Minuten
Für 2 Portionen

2 große Auberginen
2 große Zucchini
5 EL natives Olivenöl extra
Salz
1 rote Paprikaschote
1 Zwiebel
2 Knoblauchzehen
2 Zweige Thymian
1 Zweig Rosmarin
1 Dose gehackte Tomaten
Pfeffer aus der Mühle
etwas Olivenöl zum Beträufeln

Der Duft Südfrankreichs! Das klassische provenzalische Gericht wird hier aber (zumindest optisch) ganz neu aufgerollt: In Streifen geschnittene Auberginen, Zucchini und Paprika werden als Röllchen in der Tomatensauce geschmort. Ein etwas aufwendigeres Gericht, das die Mühe aber lohnt.

■ Die Auberginen und die Zucchini waschen und abtrocknen. Mit einem scharfen Messer oder einem Gemüsehobel der Länge nach in ca. ½ cm dicke Scheiben schneiden.

■ Den Backofen auf 200 °C vorheizen (Umluft 180 °C).

■ 4 Esslöffel Olivenöl in ein Schälchen geben. Zwei Backbleche mit Backpapier auslegen. Die Gemüsescheiben auf die Backbleche verteilen, leicht mit dem Olivenöl einpinseln und etwas salzen. Im vorgeheizten Ofen ca. 10 Minuten backen, bis das Gemüse weich ist. Herausnehmen und leicht abkühlen lassen.

■ Die Paprika waschen, halbieren und vom Kerngehäuse befreien. Mit der Hautseite nach oben auf ein Backblech legen. Den Backofengrill einschalten und die Paprika darunter so lange grillen, bis die Haut schwarz wird. Abkühlen lassen und dann die Haut abziehen. Das Paprikafleisch in 1 cm dicke Streifen schneiden.

■ Die Zwiebel und den Knoblauch schälen und fein hacken. Die Thymian- und Rosmarinzweige waschen und abtrocknen. 1 Esslöffel Olivenöl in einer ofenfesten Pfanne auf mittlerer Stufe erhitzen und die Zwiebel- und Knoblauchwürfel darin unter Rühren glasig dünsten. Die Tomatenstücke unterrühren. Die Dose mit 200 ml Wasser ausspülen und das Wasser ebenfalls in die Pfanne gießen. Die Kräuter dazugeben und alles einmal aufkochen lassen. Dann bei geringer Hitze ca. 15 Minuten köcheln lassen. Mit Salz und Pfeffer kräftig abschmecken.

■ Für die Gemüseröllchen je 1 Zucchinischeibe auf 1 Auberginenscheibe legen. 1 Streifen Paprika darauf legen und alles fest zusammenrollen. Die Gemüseröllchen in die Tomatensauce legen. Das Ganze im Ofen bei 180 °C (Umluft 160 °C) 20 Minuten schmoren.

■ Vor dem Servieren leicht abkühlen lassen und mit etwas Olivenöl beträufeln.

Gefüllter Butternut-Kürbis mit Hirse und Pilzen

Zubereitungszeit: 25 Minuten
Backzeit 35 Minuten
Für 2 Portionen

1 Butternut-Kürbis (ca. 800 g)
2 EL natives Olivenöl extra
Salz, Pfeffer aus der Mühle
75 g Hirse, möglichst Vollkorn
250 g Pilze, z. B. Champignons
oder Kräutersaitlinge
2 Frühlingszwiebeln
1 Knoblauchzehe
¼ TL rosenscharfes Paprikapulver
2 Zweige Petersilie
1 EL Vollkorn-Semmelbrösel
50 ml Gemüsebrühe

Der längliche, birnenförmige Butternut-Kürbis ist mein absoluter Herbstliebling. Sein leuchtend oranges Fleisch ist aromatisch, fest und gleichzeitig nicht zu trocken, sodass er nicht nur in der Suppe bella figura macht, sondern sich auch hervorragend zum Braten und Backen eignet. Hier punktet er mit einer üppigen Füllung aus Hirse (für die Extraportion Eisen) und Pilzen.

■ Den Backofen auf 180 °C vorheizen (Umluft 160 °C).

■ Den Kürbis gründlich waschen und abtrocknen. Mit einem großen, scharfen Messer der Länge nach halbieren. Mit einem Löffel die Kerne und Fäden entfernen. Mit einem Kugelausstecher den Kürbis aushöhlen, dabei einen Rand von ca. 1 cm stehen lassen. Das Fruchtfleisch beiseite stellen. Die Kürbishälften mit ½ Esslöffel Olivenöl auspinseln, salzen und pfeffern. Im vorgeheizten Ofen ca. 20 Minuten backen, bis das Kürbisfleisch sich leicht mit einer Gabel einstechen lässt.

■ Inzwischen die Hirse in einem Sieb heiß abspülen und abtropfen lassen. In 300 ml Wasser zum Kochen bringen und ca. 10 Minuten leicht köcheln lassen, bis die Hirse bissfest ist. Abgießen und abtropfen lassen.

■ Das Kürbisfleisch in kleine Würfel schneiden. Die Pilze putzen und in dünne Scheiben schneiden. Die Frühlingszwiebeln waschen, putzen und in feine Ringe schneiden. Die Knoblauchzehe schälen und fein hacken. 1 Esslöffel Olivenöl in einer großen Pfanne erhitzen und das Gemüse darin unter Rühren in ca. 10 Minuten weich braten. Die Hirse dazugeben und alles pikant mit Salz, Pfeffer und Paprika würzen.

■ Die Petersilie waschen, trocken tupfen und fein hacken. Mit den Semmelbröseln, ½ Esslöffel Olivenöl und 1 Prise Salz verrühren.

■ Die Kürbishälften mit der Gemüsemischung füllen und die Gemüsebrühe darüber träufeln. Mit den Petersilienbröseln bestreuen und weitere 15 Minuten backen. Vor dem Servieren einige Minuten abkühlen lassen.

■ Dazu passt ein grüner Salat.

Süßkartoffeln mit Kichererbsen und Avocado-Salsa

Zubereitungszeit: 25 Minuten
Backzeit: 30 Minuten
Für 2 Portionen

75 g gekochte Kichererbsen aus
dem Glas
2 TL natives Olivenöl extra
je ¼TL gem. Kreuzkümmel, Koriander und Zimt
¼ TL edelsüßes Paprikapulver
Salz, Pfeffer aus der Mühle
2 Süßkartoffeln (je ca. 250 g)
¼ rote Zwiebel
2 TL Zitronensaft
½ reife Avocado
100 g Kirschtomaten
3 EL Tahini (Sesammus)
1 EL Zitronensaft
2 EL (pflanzliche) Milch
1 Knoblauchzehe
3 Zweige Petersilie

Ein Aromenspiel wie aus Tausendundeiner Nacht: Weiche Süßkartoffeln, würzige Kichererbsen, eine frisch-fruchtige Salsa aus Tomate und Avocado und dazu die cremige Tahini-Sauce. Einfach märchenhaft! Falls Ihnen nur nach einem Snack ist: Die gewürzten Kichererbsen sind eine gesunde Alternative zu Chips!

◼ Den Backofen auf 200°C vorheizen (Umluft 180°C).

◼ Die Kichererbsen in ein Sieb geben, abspülen und abtropfen lassen. In einer Schüssel das Olivenöl und die Gewürze sowie je 1 Prise Salz und Pfeffer verrühren. Die Kichererbsen unterrühren und alles gründlich vermischen. Auf einem Backblech verteilen. Die Schüssel nicht ausspülen.

◼ Die Süßkartoffeln mit Schale waschen und der Länge nach halbieren. Die Schnittflächen mit etwas von dem verbliebenen Würzöl bestreichen und die Süßkartoffeln mit den Schnittflächen nach unten auf das Backblech legen. Zusammen mit den Kichererbsen 25–30 Minuten im vorgeheizten Ofen backen, bis die Süßkartoffeln weich sind. Die Kichererbsen dabei mehrfach umrühren.

◼ Die Zwiebel schälen, fein hacken und mit dem Zitronensaft und 1 Prise Salz verrühren. Das Fruchtfleisch aus der Avocadoschale lösen und in kleine Würfel schneiden. Die Kirschtomaten waschen und klein würfeln. Alles mischen und abschmecken.

◼ Für die Sauce Tahini, Zitronensaft und Milch in der Schüssel mit den Resten vom Würzöl glatt rühren. Knoblauch schälen und fein hacken. Petersilie waschen und trocken schleudern, die Blättchen abzupfen und dann sehr fein hacken. 1 EL gehackte Petersilie zurückbehalten, den Rest zusammen mit dem Knoblauch unter die Sauce mischen. Mit Salz abschmecken.

◼ Die gegarten Süßkartoffeln auf einem Teller setzen. Die Hälften je einmal längs einschneiden und etwas auseinanderdrücken. Dann mit Avocado-Salsa und gerösteten Kichererbsen belegen und mit Tahinisauce beträufeln. Mit Petersilie bestreuen.

Bild zum Rezept auf Seite 108

Lachsburger mit schneller Chili-Mayonnaise

Zubereitungszeit: 40 Minuten
Für 2 Portionen

Für die Mayonnaise:
1 EL Milch
2 EL natives Olivenöl extra
1 TL Senf
ein paar Spritzer Zitronensaft
Salz
¼ TL gem. Chili, mehr nach Geschmack

Für die Burger:
200 g Lachsfilet (s. Tipp)
1 Frühlingszwiebel
1 Knoblauchzehe
2 TL gehackter Dill oder Petersilie
1 kleines Ei (oder 1 Eiweiß)
2 EL Vollkorn-Semmelbrösel
½ EL Zitronensaft
½ TL Salz
½ TL edelsüßes Paprikapulver
Pfeffer aus der Mühle
1 Handvoll Salatblätter
1 Tomate
¼ Salatgurke
2 Vollkornbrötchen
Olivenöl zum Braten

Tipp
Neben Zucht- oder Wildlachs können Sie für die Burger auch jeden anderen Fisch verwenden. Das Fleisch sollte aber auf jeden Fall grätenfrei sein.

Die Fischbulette 2.0! Der Lachsburger ist eines jener Gerichte, die schwierig aussehen, tatsächlich aber recht einfach zuzubereiten sind. Viel komplizierter als Hackfleischbällchen ist er nämlich nicht! Die selbstgemachte Chili-Mayonnaise ist in Sekunden gemixt und eignet sich natürlich auch für andere Gerichte.

■ Zunächst die Mayonnaise zubereiten: Die Milch in einen hohen Rührbecher gießen und kurz stehen lassen, damit sie Zimmertemperatur annehmen kann. Das Olivenöl und den Senf dazugeben und alles mit dem Pürierstab auf höchster Stufe aufschlagen, bis eine dickliche Masse entstanden ist. Mit ein paar Tropfen Zitronensaft, etwas Salz und dem Chilipulver abschmecken. Zur Seite stellen.

■ Für die Fischburger den Lachs gut waschen und trocken tupfen. Eventuelle Gräten entfernen. Die Hälfte des Fischs mit einem scharfen Messer oder in der Küchenmaschine sehr fein hacken. Die andere Hälfte in feine Würfel schneiden. Das gesamte Lachsfleisch in eine große Schüssel geben.

■ Die Frühlingszwiebel waschen und putzen, dann in sehr feine Ringe schneiden. Die Knoblauchzehe schälen und sehr fein hacken. Zum Fisch geben und alles mit gehackten Kräutern, Ei, Semmelbröseln, Zitronensaft, Salz, Paprika und etwas Pfeffer zu einer glatten Masse verkneten. Die Masse 5 Minuten ruhen lassen, dann daraus mit angefeuchteten Händen 2 Burger formen.

■ Den Salat, die Tomate und die Gurke waschen und putzen. Die Tomate und die Gurke in dünne Scheiben schneiden. Die Brötchen halbieren.

■ Etwas Olivenöl in einer Pfanne erhitzen und die Burger darin auf beiden Seiten ca. 3 Minuten braten.

■ Die Mayonnaise erneut abschmecken. Die unteren Brötchenhälften mit der Mayonnaise bestreichen und mit den Salatblättern belegen. Die Lachsburger darauf legen und mit den Tomaten- und Gurkenscheiben dekorieren. Die oberen Brötchenhälften daraufsetzen. Die Lachsburger zusammen mit der restlichen Mayonnaise servieren.

Buchweizen-Galette mit Zucchini

Geeignet für Schritt 1–7

Zubereitungszeit: 30 Minuten
Ruhezeit: 1 Stunde
Backzeit: 25 Minuten
Für 2 Portionen

125 g Buchweizenmehl
125 g Dinkelvollkornmehl, plus
mehr für die Arbeitsfläche
½ TL Salz
1 Ei
125 g sehr kalte Butter
1 Knoblauchzehe
30 g Parmesan, plus mehr zum
Bestreuen
1 EL natives Olivenöl extra
200 g Ricotta
frisch geriebene Muskatnuss
2 Zucchini
Salz, Pfeffer aus der Mühle

Meine Liebe zu Buchweizenmehl habe ich erst spät entdeckt – genau wie die zu Galettes, den herzhaften, rustikalen Gemüsekuchen. Dafür backe ich diese jetzt ständig! Ich liebe es, dass sie aus viel knusprigem Teig bestehen, und dass die rustikale Form keinen Schönheitspreis gewinnen will. Statt der Zucchini können Sie natürlich auch andere Gemüsesorten wählen, z. B. Auberginen, frische Tomaten oder einen bunten Mix.

■ Die beiden Mehlsorten und das Salz mischen. Eine Mulde formen und das Ei sowie 2 Esslöffel sehr kaltes Wasser hineingeben. Die Butter in kleine Stücke schneiden und alles schnell zu einem festen Teig verkneten. Zu einer Scheibe flach drücken und in Klarsichtfolie gewickelt 1 Stunde im Kühlschrank ruhen lassen.

■ Die Knoblauchzehe schälen und sehr fein hacken. Den Parmesan reiben. Das Olivenöl in einer großen Pfanne auf mittlerer Stufe erhitzen und den Knoblauch darin andünsten. Aus dem Öl herausnehmen und mit dem Ricotta, 2 Esslöffel geriebenem Parmesan, 1 Prise Salz und 1 Prise Muskat verrühren.

■ Die Zucchini waschen und abtrocknen. In sehr dünne Scheiben schneiden und kurz in der Pfanne im verbliebenen Öl braten.

■ Den Backofen auf 180 °C vorheizen (Umluft 160 °C).

■ Eine Arbeitsfläche bemehlen und den Teig zu einem Kreis von ca. 40 cm Durchmesser ausrollen und auf ein mit Backpapier belegtes Backblech legen. Die Ricotta-Creme kreisförmig daraufstreichen, dabei einen Rand von ca. 4 cm lassen. Die Zucchinischeiben dachziegelartig auf der Creme verteilen und mit dem restlichen Esslöffel Parmesan bestreuen. Den Rand zur Mitte hin einschlagen und mit 1 Esslöffel Olivenöl bestreichen.

■ Die Galette im vorgeheizten Ofen 20–25 Minuten backen, bis der Teigrand goldbraun und knusprig ist.

Tipp
Wenn Sie kein Buchweizenmehl vorrätig haben, ersetzen Sie dieses durch Dinkelvollkornmehl.

Blumenkohl-Kartoffel-Curry mit Kichererbsen

Zubereitungszeit: 45 Minuten
Für 2 Portionen

250 g festkochende Kartoffeln
250 g Blumenkohl
1 Glas Kichererbsen (220 g Abtropfgewicht)
1 getr. Chilischote
1 TL Fenchelsaat
1 TL Kreuzkümmelsaat
2 Nelken
4 schwarze Pfefferkörner
1 TL gem. Kurkuma
½ TL gem. Zimt
2 Knoblauchzehen
1 Zwiebel
20 g Ingwer
1 EL Kokosöl
Salz
1 Dose gehackte Tomaten
4 Zweige Koriander
50 ml Kokosmilch
2 kleine Fladen- oder Naan-Brote

Currys sind so etwas wie meine Basisgerichte. Da sie so vielseitig sind, gibt es sie bei uns sogar öfter als Pasta! Dieses duftende, indisch inspirierte Curry schmeckt köstlich als vegane Version. Sie können es aber auch mit Garnelen oder hellem Fischfilet ergänzen: Geben Sie dafür 200 g geschälte Garnelen oder mundgerecht Stücke geschnittenen Fisch kurz vor Ende der Garzeit hinzu.

■ Die Kartoffeln schälen und in ca. 2 x 2 cm große Würfel schneiden. Den Blumenkohl waschen und in Röschen teilen. Die Kichererbsen in ein Sieb geben, abspülen und abtropfen lassen.

■ Die Kartoffelwürfel 5 Minuten im Dampfgarer oder in wenig Wasser garen, dann den Blumenkohl dazugeben und weitere 5 Minuten garen. Abgießen und kurz ausdampfen lassen.

■ Inzwischen die Chilischote zerbröseln und zusammen mit Fenchel, Kreuzkümmel, Nelken und Pfeffer in einer großen Pfanne ohne Fett anrösten, bis die Gewürze duften. Dann Kurkuma und Zimt dazugeben und unter Rühren weitere 30 Sekunden rösten. Die Gewürze im Mörser fein mahlen. Den Knoblauch, die Zwiebel und den Ingwer schälen und alles fein hacken. Zusammen mit den gemahlenen Gewürzen und 3 Esslöffeln Wasser zu einer Paste stampfen oder pürieren.

■ Das Kokosöl in einer Pfanne erhitzen und die Kartoffeln und den Blumenkohl darin 5 Minuten anbraten. Mit Salz würzen, die Gewürzpaste dazugeben und alles unter Rühren 2 Minuten braten. Die Kichererbsen und die gehackten Tomaten ebenfalls in die Pfanne geben. Alles einmal aufkochen lassen und dann bei geringer Hitze 5 Minuten köcheln lassen.

■ Sollte das Curry zu flüssig sein, 1 Schöpfkelle abnehmen, pürieren und unterrühren. Den Koriander waschen und trocken tupfen. Die Blättchen abzupfen. Die Kokosmilch erwärmen und mit dem Pürierstab oder dem Milchaufschäumer aufschäumen.

■ Das Curry auf zwei Teller verteilen, mit geschäumter Kokosmilch begießen und mit Koriander bestreuen. Mit Fladenbrot servieren.

Pappardelle mit Rinderragout

Zubereitungszeit: 1 ½ Stunden
Für 2 Portionen

10 g getr. Pilze
250 g Rindfleisch zum Schmoren
(z. B. aus der Schulter)
1 Zwiebel
1 Knoblauchzehe
1 Möhre
75 g Knollensellerie
1 Zweig Rosmarin
2 EL natives Olivenöl extra
250 ml Rinder- oder Gemüsebrühe, evtl. mehr
100 ml Rotwein
Salz, Pfeffer aus der Mühle
250 g Pappardelle oder Bandnudeln
1 EL gehackte Petersilie

Ich liebe Ragouts in jeder Form, als Gemüseragouts oder wie hier als klassisch-kräftige Fleischsauce. Nach ein wenig Vorarbeit verschwindet alles in einem Topf und man hat Zeit für andere schöne Dinge – oder eben dafür, die Küche aufzuräumen. Aber eine saubere Küche ist doch auch etwas Schönes, nicht wahr?

■ Die getrockneten Pilze mit kaltem Wasser übergießen und ausquellen lassen.

■ Das Fleisch waschen und trocken tupfen. In ca. 1 cm große Würfel schneiden.

■ Die Zwiebel und den Knoblauch schälen und fein hacken. Die Möhre und den Sellerie schälen und putzen. Beides in feine Würfel schneiden. Den Rosmarin waschen und trocken tupfen.

■ In einem kleineren Bräter das Öl erhitzen und die Fleischwürfel darin 5 Minuten unter Rühren braten. Die Zwiebel und den Knoblauch dazugeben und glasig dünsten. Die Möhren- und Selleriewürfel sowie den Rosmarinzweig dazu geben. Alles weitere 5 Minuten braten.

■ Das Fleisch und das Gemüse mit der Brühe, dem Wein und dem Pilzwasser ablöschen. Mit Salz und Pfeffer würzen. Das Ragout mit geschlossenem Deckel bei geringer Hitze ca. 30 Minuten schmoren, dabei hin und wieder umrühren. Die Pilze abspülen und abtropfen lassen, dann zum Ragout geben und alles weitere 20 Minuten schmoren. Die Sauce sollte zum Ende der Kochzeit leicht eingedickt sein, ansonsten das Ragout aufkochen und bei offenem Deckel 5 Minuten bei mittlerer Hitze und unter Rühren kochen.

■ Gegen Ende der Garzeit die Pappardelle nach Packungsanleitung kochen.

■ Den Rosmarinzweig entfernen und das Ragout mit Salz und Pfeffer abschmecken. Die Papardelle abgießen und mit dem Ragout mischen. Mit Petersilie bestreut servieren.

Fit Food

I n diesem Kapitel finden Sie kleine und größere Gerichte, bei denen das Augenmerk ganz besonders auf einer leichten Küche liegt: Viel Geschmack, viele tolle Zutaten, aber keine „schwere Kost". Alle Sattmacher-Salate, Gemüseschalen und auch die Getränke sind leckere Mahlzeiten, die Sie sehr gut mitnehmen können, um sie in Ihrer Mittagspause zu genießen. Auch als Teil eines Menüs machen sich z. B. der Spargelsalat mit Rote-Bete-Dressing, die Spaghetti mit Grünkohl-Walnuss-Pesto oder mein heimlicher Favorit, der gegrillte Salat mit Caesar-Dressing, hervorragend.

Spargelsalat mit Rote-Bete-Dressing

Zubereitungszeit: 30 Minuten
Für 2 Portionen

1 kleine gegarte Rote Bete (vakuumiert)
1 Knoblauchzehe
2 EL Rotweinessig
4 EL natives Olivenöl extra
Salz, Pfeffer aus der Mühle
1 gute Prise Kreuzkümmel
3 Zweige Dill
1 Frühlingszwiebel
500 g grüner Spargel
50 g Macadamia- oder Haselnüsse
4 dünne Scheiben Kochschinken
oder Roastbeef (optional)

Das Königsgemüse Spargel schmeckt auch roh – das feine, leicht nussige Aroma des Grünspargels kommt so noch besser zur Geltung als gekocht. Hier werden die Stangen in feine Streifen geschnitten, in einer süß-säuerlichen Marinade knallpink gefärbt und dann mit duftend gerösteten Macadamianüssen bestreut.

▪ Die Rote Bete klein schneiden. Die Knoblauchzehe schälen und hacken, dann zusammen mit der Roten Bete nicht zu fein pürieren. Rotweinessig und Olivenöl unterrühren, mit Salz, Pfeffer und Kreuzkümmel abschmecken. Den Dill waschen, trocken-tupfen und fein hacken. Die Frühlingszwiebel waschen, putzen und in feine Ringe schneiden. Beides unter das Dressing rühren.

▪ Den Spargel waschen und abtrocknen. Die Köpfe abschnei-den und längs halbieren. Die holzigen Enden abschneiden und die Stangen mit dem Sparschäler in dünne Streifen schneiden. Alternativ die Stangen mit einem sehr scharfen Messer schräg in ca. 1 mm dicke Scheiben schneiden.

▪ Die Spargelscheiben und die halbierten Köpfe mit dem Dres-sing mischen und ca. 10 Minuten ziehen lassen. Währenddessen die Nüsse grob hacken und in einer Pfanne ohne Fett anrösten.

▪ Auf zwei Tellern nach Wunsch die Schinken- oder Roastbeef-scheiben verteilen, dann den Salat darauf schichten und mit den gerösteten Nüssen bestreuen.

Variante
Für einen großen Salat waschen und putzen Sie zusätzlich 2 Handvoll Spinatblätter und zupfen diese in mundgerechte Stü-cke. Mischen Sie die Blätter unter die Spargelstücke.

Brokkolisalat mit Quinoa und Halloumi

Zubereitungszeit: 30 Minuten
Für 2 Portionen

125 g bunte Quinoa
1 Brokkoli (ca. 400 g)
1 EL Apfelessig
2 EL natives Olivenöl extra
1 EL Haselnussöl (oder Olivenöl)
Salz, Pfeffer aus der Mühle
2 EL gehobelte oder gehackte Haselnüsse
200 g Halloumi oder Grillkäse
etwas Olivenöl zum Braten
gehackte Petersilie zum Bestreuen

Tipp

Für ein fruchtiges Dressing reiben Sie einen kleinen Apfel in die Essig-Öl-Mischung. Bitte bedenken Sie aber, dass das Gericht dann nicht für die Schritte 3–5 des Zuckerfrei-Programms geeignet ist.
Der Salat sollte sofort gegessen werden, Halloumi kühlt schnell ab und wird dann zäh. Statt des Halloumis können Sie auch Feta oder alternativ einen guten Mozzarella verwenden. Diese Käsesorten brauchen für den Salat nicht gebraten zu werden, sodass der Salat ein prima Begleiter fürs Büro wird.

Das nussige „Andenkorn" Quinoa ist eine hervorragende Eiweißquelle und enthält alle neun essenziellen Aminosäuren. Bunte Quinoakörner sind in diesem Salat besonders hübsch anzusehen, denn das Auge isst ja mit! Mit bissfest gegartem Brokkoli und gegrilltem Halloumi wird das Ganze zu einem köstlichen Salat, der lauwarm besonders gut schmeckt.

■ Die Quinoakörner in ein Sieb geben und sehr gründlich unter fließendem heißem Wasser abspülen, bis das ablaufende Wasser klar ist. Abtropfen lassen.

■ 275 ml Wasser in einem Topf erhitzen und die Quinoa darin etwa 20 Minuten leise köcheln lassen, dabei immer wieder umrühren.

■ Inzwischen in einer großen Schüssel den Apfelessig, das Olivenöl und das Haselnussöl verrühren und mit Salz und Pfeffer würzen. Die gegarte Quinoa dazugeben und alles gut verrühren.

■ Den Brokkoli in Röschen teilen, waschen und abtropfen lassen. Dann in einem Dampfgareinsatz oder in wenig leicht gesalzenem Wasser 5–6 Minuten garen, bis er weich, aber noch bissfest ist. Herausnehmen und warmhalten.

■ Eine Grillpfanne oder eine große Pfanne erhitzen und die Haselnüsse darin ohne Fett anrösten. Herausnehmen und abkühlen lassen.

■ Die Quinoa mit Salz und Pfeffer abschmecken und in einer Salatschüssel oder einer Schale mit den Brokkoliröschen mischen.

■ Den Halloumi etwas trockentupfen und in ca. ½ cm breite Scheiben schneiden. Die Grillpfanne oder die Pfanne mit etwas Olivenöl ausstreichen und auf hoher Stufe erhitzen. Die Halloumischeiben darin von beiden Seiten knusprig braten. Sofort zum Salat geben und diesen mit Haselnüssen und gehackter Petersilie bestreut servieren.

Geeignet für Schritt 1–7

Spaghetti mit Grünkohl-Walnuss-Pesto

Zubereitungszeit: 25 Minuten
Für 2 Portionen

30 g Walnusskerne, plus 4 Walnusshälften zum Dekorieren
100 g Grünkohl
Salz
1 Knoblauchzehe
30 g Parmesan, plus mehr zum Bestreuen
2 EL natives Olivenöl extra
Pfeffer aus der Mühle
250 g Vollkornspaghetti

◼ 30 g Walnusskerne in einer Pfanne ohne Fett anrösten. Herausnehmen und abkühlen lassen.

◼ Den Grünkohl gründlich waschen und die Blätter vom harten Strunk befreien. In einem Topf leicht gesalzenes Wasser aufkochen und den Grünkohl darin ca. 30 Sekunden sprudelnd kochen. Herausnehmen und in einem Sieb abtropfen lassen. Eine Tasse vom Kochwasser abnehmen.

◼ Den Knoblauch schälen und grob hacken. Den Parmesan reiben. Den abgetropften Grünkohl leicht ausdrücken, dann grob hacken. Die Walnusskerne ebenfalls grob hacken.

◼ Den Grünkohl mit Knoblauch, Parmesan und Walnusskernen in der Küchenmaschine oder mit dem Pürierstab zu einem feinen Pesto verarbeiten. Dabei langsam das Olivenöl und 1–2 Esslöffel Kochwasser angießen. Mit Salz und Pfeffer würzen.

◼ Die Spaghetti nach Packungsanweisung bissfest kochen und abgießen. Mit etwas Pesto verrühren und auf zwei Teller verteilen. Das restliche Pesto über die Spaghetti geben und mit etwas Parmesan bestreuen. Das Gericht mit Walnusshälften dekorieren.

Geeignet für Schritt 1–7

Zucchini-Nudeln mit Pilzsauce

Zubereitungszeit: 20 Minuten
Für 2 Portionen

250 g kleinere Champignons
½ Zwiebel
1 kleine Knoblauchzehe
2 TL natives Olivenöl extra
Salz, Pfeffer aus der Mühle
200 ml Gemüsebrühe
50 ml (pflanzliche) Milch
2 Zucchini
Petersilienblättchen zum Dekorieren

■ Die Pilze putzen und in Scheiben schneiden. Die Zwiebel und den Knoblauch schälen und hacken.

■ 1 Teelöffel Olivenöl in einer Pfanne erhitzen und zunächst die Pilze 3 Minuten unter Rühren braten. Die Zwiebeln und den Knoblauch hinzufügen und 1 weitere Minute braten. Mit Salz und Pfeffer würzen. ⅓ der Pilze abnehmen und warmhalten. Die restlichen Pilze mit der Brühe und der Milch im Standmixer oder mit dem Pürierstab sehr fein pürieren.

■ Die Zucchini und die Petersilienblättchen waschen und abtrocknen. Die Zucchini einem Spiralschneider zu Spaghetti schneiden. 1 Teelöffel Olivenöl in einer Pfanne erhitzen und die Zucchini kurz im heißen Öl schwenken.

■ Die Zucchini-Nudeln auf zwei Teller verteilen. Die Pilzsauce und die gebratenen Pilze darüber geben und mit Petersilienblättchen dekorieren.

Gegrillter Salat mit Caesar-Dressing

Zubereitungszeit: 30 Minuten
Für 2 Portionen

1 Ei
2 TL Kapern
50 g Naturjoghurt
1 TL Senf
1 TL Zitronensaft
½ EL natives Olivenöl extra und
Olivenöl zum Braten
Salz, Pfeffer aus der Mühle
2 Zweige Petersilie
½ altbackenes Vollkornbrötchen
2 Romana-Salatherzen
20 g Parmesan

Auch wenn es erst einmal ungewöhnlich klingt, grünen Salat zu grillen oder zu braten: Probieren Sie es unbedingt aus! Der kurz gegarte Salat bekommt eine wunderbar nussige Note und bleibt doch im Inneren knackig und frisch. Zusammen mit dem pikanten Dressing und ein paar knusprig gerösteten Brotwürfeln eine tolle Abwechslung auf Ihrem Salatteller!

■ Das Ei hart kochen, anschließend abkühlen lassen und pellen. Grob hacken und zusammen mit Kapern, Joghurt, Senf, Zitronensaft und Olivenöl in einen hohen Rührbecher geben und mit dem Pürierstab cremig pürieren. Mit Salz und Pfeffer abschmecken.

■ Die Petersilie waschen, trockentupfen und fein hacken. Unter das Dressing rühren.

■ Das Brötchen in ca. 2 x 2 cm große Würfel schneiden. In einer großen Pfanne etwas Olivenöl auf mittlerer Stufe erhitzen und die Würfel darin von allen Seiten knusprig braten. Herausnehmen und auf ein Blatt Küchenpapier legen. Die Pfanne auswischen.

■ Die Salatköpfe vorsichtig putzen, waschen und trockentupfen. Der Länge nach halbieren.

■ Etwas Olivenöl in der Pfanne auf mittlerer Stufe erhitzen und die Salatköpfe mit den Schnittflächen nach unten in die Pfanne legen. Etwa 2 Minuten braten, dann wenden und 1 weitere Minute braten.

■ Herausnehmen und auf zwei Teller geben. Das Caesar-Dressing über den gebratenen Salat träufeln. Den Parmesan reiben. Den Salat mit den Brotwürfeln und dem geriebenen Parmesan bestreut servieren.

Tipp
Wenn Sie dem Salat noch ein paar gebratene Hähnchenstreifen zufügen, verwandeln Sie das kleine Gericht in ein sättigendes Hauptgericht.

Rosenkohlsalat mit Pekannüssen

Zubereitungszeit: 20 Minuten
Für 2 Portionen

300 g Rosenkohl
25 g Pekannüsse
1 Knoblauchzehe
1 EL natives Olivenöl extra, mehr zum Beträufeln
Salz, Pfeffer aus der Mühle
1 TL Rotweinessig
Fleur de Sel zum Bestreuen (siehe Info)

Nicht gekocht, sondern in feine Scheiben geschnitten und gebraten – so bleibt der Biss beim Rosenkohl erhalten und wird gleich noch um Röstaromen erweitert. Ein Löffelchen Apfelessig sorgt für den geschmacklichen Kick, den ich mir zusammen mit dem Meersalz bei den englischen „Salt & Vinegar"-Chips ausgeborgt habe.

■ Die Rosenkohlköpfe gründlich waschen, putzen und in einem Sieb abtropfen lassen. Längs in ca. 3 mm dicke Scheiben schneiden.

■ Die Pekannüsse grob hacken. Die Knoblauchzehe schälen und in feine Scheiben schneiden.

■ Eine Pfanne ohne Fett erhitzen und die Pekannüsse darin unter häufigem Rühren anrösten, bis sie duften und etwas Farbe angenommen haben. Herausnehmen und zur Seite stellen.

■ Die Hitze auf mittlere Stufe reduzieren. Das Olivenöl in die Pfanne geben, den Knoblauch und eine Prise Salz zugeben und den Knoblauch weich dünsten. Den Rosenkohl dazugeben und unter häufigem Rühren 8–10 Minuten braten, bis der Rosenkohl gar, aber noch bissfest ist. Mit Salz und Pfeffer würzen und den Essig unterrühren.

■ Auf zwei Teller verteilen, mit etwas Olivenöl und Fleur de Sel bestreuen. Die gehackten Pekannüsse darüber streuen.

Info
Fleur de Sel, die „Salzblume" ist eine besondere Form des Meersalzes. Nur unter besonderen Wetterbedingungen entsteht an der Wasseroberfläche die hauchdünne Schicht aus Salzkristallen, die per Hand geerntet wird. Die Kristalle sind unterschiedlich groß und eignen sich besonders gut zum Verfeinern der Gerichte.

Sushi-Salat

Vorbereitungszeit: 15 Minuten
Kochzeit: 30 Minuten
Für 2 Portionen

30 g Vollkornreis (oder 100 g gekochter Vollkornreis)
Salz
¼ Salatgurke
½ Avocado
100 g (heiß) geräucherter Lachs
1 Blatt Nori-Alge
1 EL Sojasauce
1 TL Reis- oder Apfelessig
¼ TL frisch geriebener Ingwer
1 TL heller Sesam
1 TL schwarzer Sesam
einige Ingwerscheiben zum Dekorieren

Ich esse unheimlich gern Sushi – Sie auch? Anstelle sie aufwendig zu Maki zu rollen, habe ich hier die Zutaten meiner Lieblings-Sushi zu einem Salat zusammengefügt und mit einem würzigen Dressing begossen. Der Einfachheit halber habe ich heiß geräucherten Lachs verwendet, so lässt sich der Salat auch gut mitnehmen.

■ Den ungekochten Reis waschen und nach Packungsanweisung in gesalzenem Wasser garen. In einem Sieb abtropfen und abkühlen lassen.

■ Die Salatgurke waschen, trocknen und in ca. 1 cm große Würfel schneiden. Das Avocadofruchtfleisch aus der Schale lösen und würfeln oder in schmale Scheiben schneiden. Den Lachs würfeln oder mit zwei Gabeln in Stücke zerteilen. Das Nori-Blatt in kleine Stücke schneiden oder reißen.

■ Die Sojasauce mit dem Essig und dem geriebenen Ingwer verrühren.

■ Den Reis in zwei Salatschälchen oder zwei Gläser füllen. Die Gurken- und Avocadowürfel sowie die Lachsstückchen darauf verteilen. Alles mit dem Dressing begießen und mit hellem und schwarzem Sesam sowie den Nori-Stückchen bestreuen. Mit Ingwerscheiben garnieren.

Info
Zum Sushi gehört eigentlich auch Wasabi. Frischer Wasabi ist aber rar und teuer, sodass die meisten hier erhältlichen Pasten oder Konzentrate hauptsächlich künstlich gefärbten Meerrettich enthalten. Sollten Sie echten Wasabi bekommen, so passt dieser ganz hervorragend zu diesem Salat. Ansonsten rühren Sie für ein scharfes Dressing ein paar Tropfen (zuckerfreie) Chilisauce unter.

Gemüsequiche mit Quinoa-Boden

Vorbereitungszeit: 30 Minuten
Backzeit: 40–45 Minuten
Für 2 Portionen

100 g Quinoa
2 EL Leinsamen
evtl. etwas Öl für die Form
Salz
20 g Parmesan
75 g Crème fraîche
150 ml Sahne
1 Ei
Pfeffer aus der Mühle
250 g gemischtes Gemüse (z.B. Brokkoli, Paprika, Möhren, Zucchini)
1 Frühlingszwiebel

Quiches sind einfach praktisch: Sie schmecken warm oder kalt, sie können aus den einfachsten oder den raffiniertesten Zutaten gezaubert werden und sie passen in jede Jahreszeit. Versuchen Sie mal diese Quiche mit einem Boden aus Quinoa und Leinsamen. Der herzhafte Klassiker wird dadurch zum Superfood-Lunch.

■ Die Quinoakörner in ein Sieb geben und sehr gründlich unter fließendem heißem Wasser abspülen, bis das ablaufende Wasser klar ist. Abtropfen lassen. 200 ml Wasser in einem Topf erhitzen und die Quinoa darin ca. 20 Minuten leise köcheln lassen, dabei immer wieder umrühren. Abkühlen lassen.

■ Inzwischen die Leinsamen in der Küchenmaschine fein mahlen. Mit 3 Esslöffeln Wasser verrühren und quellen lassen. Den Backofen auf 200 °C (Umluft 180 °C) vorheizen und eine Quiche- oder Tarteform mit Backpapier auslegen oder mit etwas Olivenöl einpinseln.

■ Die Leinsamen mit der Quinoa, einer Prise Salz und nach Bedarf 2–3 Esslöffeln Wasser gründlich verkneten. In der Form flach drücken und einen ca. 3 cm hohen Rand formen. Den Boden im vorgeheizten Ofen ca. 15 Minuten vorbacken.

■ Den Parmesan reiben. Die Crème fraîche mit der Sahne, dem Ei und dem Parmesan verrühren. Mit Salz und Pfeffer würzen.

■ Das Gemüse waschen und putzen und in kleine Stücke bzw. feine Scheiben oder Streifen schneiden. Die Frühlingszwiebel putzen und waschen, in ca. 10 cm lange Stücke schneiden und der Länge nach in feine Streifen schneiden.

■ Den Guss auf den Boden geben. Das Gemüse darauf verteilen. Den Backofen auf 180 °C zurückschalten (Umluft 160 °C) und die Quiche 25–30 Minuten backen, bis der Guss gestockt ist. Vor dem Servieren ein paar Minuten abkühlen lassen.

Bild zum Rezept auf Seite 126

Rainbow-Bowl mit Canihua

Zubereitungszeit: 20 Minuten
Für 2 Portionen

50 g Canihua
1 Möhre
½ Salatgurke
2 Tomaten oder 10 Cocktailtomaten
½ gelbe Paprikaschote
½ Avocado
2 Handvoll Salat (z. B. Romana-, Feldsalat oder Spinat)
150 g gekochte Kichererbsen
1 TL Apfelessig
¼ TL gem. Kurkuma
2 EL natives Olivenöl extra
Salz, Pfeffer aus der Mühle
50 g Blaubeeren
1 Handvoll Sprossen

Ein Salat in den Farben des Regenbogens: Hier kommen verschiedene Gemüsesorten, grüner Salat und das Andenkorn Canihua zu einer bunten Mischung zusammen. Das sieht zum einen wirklich hübsch aus, und zum anderen macht es auch satt und zufrieden. Das Glück findet sich also nicht immer nur am Ende des Regenbogens!

■ Die Canihua in 150 ml kochendes Wasser geben und etwa 15 Minuten leise köcheln lassen. Danach abgießen, abtropfen und etwas abkühlen lassen.

■ Inzwischen die Möhre schälen, waschen, und putzen. Die Gurke waschen und eventuell schälen. Die Möhren grob raspeln und die Gurke in feine Scheiben schneiden. Die Tomate waschen, trocknen und in Scheiben schneiden, Cocktailtomaten halbieren. Die Paprika waschen, trocknen und vom Kerngehäuse befreien. In schmale Streifen schneiden. Die Avocado schälen und in Scheiben schneiden. Den Salat waschen, putzen und trockenschleudern. In mundgerechte Stück rupfen.

■ Die Kichererbsen in ein Sieb geben, abspülen und abtropfen lassen. 2 Esslöffel Kichererbsen abnehmen und mit 1 Esslöffel Wasser, Apfelessig und Kurkuma glatt pürieren. Das Olivenöl unterschlagen und das Dressing mit Salz und Pfeffer abschmecken.

■ Die Blaubeeren und die Sprossen waschen und in einem Sieb abtropfen lassen. Die Canihua in eine große Schale oder geben oder auf zwei Salatteller verteilen. Möhren und Gurken zusammen mit Tomaten, Paprika, Avocado und Salat auf den Tellern oder der Schale anrichten. Restliche Kichererbsen dazugeben und mit Blaubeeren und Sprossen bestreuen. Leicht pfeffern und salzen. Mit dem Dressing beträufeln und servieren.

Info
Canihua wird manchmal als „Baby-Quinoa" bezeichnet. Ebenso wie Quinoa und Amarant gehört sie zu den eiweiß- und ballaststoffreichen sogenannten Pseudogetreiden und ist äußerst vielseitig. Ich verwende die Körnchen sehr gern als Beilage anstelle von Reis oder mische sie in Salate oder Suppen.

Zweierlei Smoothies

Geeignet für Schritt 1, 2, 6 & 7
Zubereitungszeit: 10 Minuten
Für je 2 Gläser à 200 ml

Für den Grünen Smoothie:

200 g helles Obst, z. B. Honigmelone, Papaya oder Nektarine
100 g Babyspinat
3 Zweige Petersilie
200 ml Kokoswasser oder Wasser

Für den Beeren-Buttermilch-Smoothie:

150 g gemischte Beeren
150 ml Buttermilch, evtl. mehr
zum Verdünnen
¼ TL gem. Vanille

■ Für den grünen Smoothie das Obst waschen, putzen und zerkleinern. Den Spinat und die Petersilie gut waschen und abtropfen lassen. Im Standmixer zunächst das Obst mit dem Kokoswasser pürieren, dann nach und nach die Spinatblätter hinzufügen. Alles so lange pürieren, bis die Konsistenz glatt ist. Den Smoothie auf zwei Gläser verteilen.

■ Für den Beeren-Smoothie die Beeren verlesen und waschen. Große Beeren wie Erdbeeren oder Brombeeren zerkleinern. In einen Standmixer oder ein hohes Rührgefäß geben und zusammen mit der Buttermilch und der Vanille pürieren. Wenn der Smoothie zu dickflüssig ist, mehr Buttermilch oder Wasser angießen. Auf zwei Gläser verteilen.

Kurkuma-Milch

Zubereitungszeit: 5 Minuten
Für 2 Gläser à 200 ml

300 ml pflanzliche Milch (z. B. Hafer- oder Mandelmilch)
100 ml Kokosmilch
2 TL gem. Kurkuma
¼ TL gem. Zimt
¼ TL gem. Vanille
1 Prise Pfeffer aus der Mühle

■ Alle Zutaten in ein hohes Rührgefäß oder einen Krug geben und kräftig miteinander verrühren. Auf zwei Gläser verteilen.

Tipp
Allen Getränken können Sie durch weitere Zutaten ein „Upgrade" verpassen: Mixen Sie zum Beispiel ½ Avocado unter die Smoothies. Sie verleiht ihnen eine cremige Textur und liefert eine Extraportion gesunde Fette. Chia- oder Hanfsamen sind für alle Getränke ein leckeres Topping.

Desserts und Süßes

Desserts und Naschereien müssen nicht immer eine „süße Sünde" sein, die wir mit schlechtem Gewissen essen. Statt schwerer Zuckerbomben finden Sie hier eine Reihe dezent gesüßter Nachspeisen, Backwerke und Süßigkeiten, die alle mit guten, vollwertigen Zutaten zubereitet werden. Bei der Auswahl Ihres Süßungsmittels haben Sie freie Hand: Sie können in den meisten Fällen die Zuckeralternativen problemlos gegeneinander austauschen. Was es dabei zu beachten gilt, finden Sie auf S. 20. Und nun viel Vergnügen mit den Haselnuss-Schoko-Kugeln, zimtigen Nuss-Schnecken oder fruchtiger Eiscreme!

Kokospudding mit Rhabarberkompott

Zubereitungszeit: 30 Minuten
Abkühlzeit: ca. 1 Stunde
Für 2 Portionen

200 ml Kokosmilch
100 ml (pflanzliche) Milch
½ Vanilleschote
20 g Maisstärke
2 EL Kokosblütenzucker
200 g Rhabarber (geputzt gewogen)
¼ TL frisch geriebener Ingwer (oder 1 Prise gem. Ingwer)
2 EL Kokoschips

Hier ziehen sich Gegensätze wie magisch an: Süß trifft auf säuerlich, kühler, cremiger Pudding auf lauwarmes Kompott. Dazu noch ein paar knusprige Kokoschips, und das Dessertvergnügen ist perfekt.

◼ Die Kokosmilch und die Milch in einen Topf geben. Die Vanilleschote längs halbieren, das Mark herauskratzen und ebenfalls in den Topf geben. 5 Esslöffel Milch abnehmen und in einer kleinen Schale mit der Maisstärke und 1 Esslöffel Kokosblütenzucker glatt verrühren.

◼ Die Milch zum Kochen bringen. Von der Herdplatte nehmen und die Stärkemischung einrühren. Erneut unter Rühren aufkochen, bis die Masse eindickt und Blasen wirft. In zwei Dessertgläser- oder schalen füllen und etwa 1 Stunde abkühlen lassen.

◼ Für das Kompott den Rhabarber waschen, abtrocknen und in ca. 1 cm dicke Scheiben schneiden. Zusammen mit dem Ingwer, 1 Esslöffel Kokosblütenzucker und 50 ml Wasser zum Kochen bringen und unter gelegentlichem Rühren 20 Minuten weich köcheln. Lauwarm abkühlen lassen.

◼ Die Kokoschips in einer kleinen Pfanne ohne Fett ganz leicht anrösten, bis sie anfangen zu bräunen.

◼ Das Kompott auf dem abgekühlten Pudding verteilen und mit Kokoschips garnieren.

Tipp
Der Pudding und das Kompott lassen sich sehr gut einige Stunden im Voraus vorbereiten. Anstelle von Rhabarber schmeckt auch ein Erdbeer- oder Pfirsich-Kompott.

Joghurt-Schichtdessert mit Aprikosen

Zubereitungszeit: 20 Minuten
Für 2 Portionen

200 g Aprikosen
2 EL Cashew- oder Erdnussmus
3 TL Ahornsirup
1 EL Milch
200 g griechischer Joghurt
¼ TL gem. Vanille
100 ml Sahne
1 EL gehackte Haselnüsse

Der sahnige griechische Joghurt ist ganz sicher eine meiner Lieblingszutaten und ein Produkt für alle Lebenslagen. Ganz besonders für schnelle Desserts ist er einfach unschlagbar, wie zum Beispiel in diesem Schichtdessert mit fruchtigen Aprikosen und einer karamelligen Sauce aus Nussmus.

■ Die Aprikosen vorsichtig waschen und abtrocknen. Halbieren, entkernen und die Hälften in Achtel schneiden. Ein Drittel der Menge abnehmen und beiseitestellen. Die restlichen Aprikosen pürieren.

■ Für die Sauce das Cashew- oder Erdnussmus mit 2 Teelöffeln Ahornsirup und der Milch glatt verrühren.

■ Den Joghurt mit 1 Teelöffel Ahornsirup und der Vanille glattrühren. Die Sahne steif schlagen und vorsichtig unter den Joghurt heben.

■ In zwei Dessertgläser abwechselnd Joghurt, Aprikosenpüree und die Sauce schichten. Mit den Aprikosenachteln belegen und mit den gehackten Haselnüssen bestreuen.

Tipp
Bei der Verwendung von tiefgefrorenen oder nicht komplett reifen und weichen Aprikosen geben Sie die in Achtel geschnittenen Früchte zusammen mit 1 Teelöffel Wasser in einen kleinen Topf und kochen sie etwas weich.

Haselnuss-Schoko- und Mandel-Kokos-Kugeln

Zubereitungszeit: 45 Minuten
Zeit zum Festwerden:
ca. 1 Stunde
Für je 15 Stück

Für die Haselnuss-Schoko-Kugeln:

150 g ganze Haselnüsse
3 EL gehackte Haselnüsse
1 EL Kakaopulver
¼ TL gem. Vanille
1–2 EL Reissirup

Für die Mandel-Kokos-Kugeln:

100 g ganze Mandeln, blanchiert
75 g und 3 EL Kokosraspel
¼ TL gem. Vanille
1 EL Reissirup
1 EL Mandel- oder Cashewmus
½ EL Kokosöl

Tipp
Bewahren Sie die Kugeln im Kühlschrank auf. Dort halten sie sich etwa 3 Tage.

Hier sind Ähnlichkeiten zu bekannten Pralinen nicht rein zufällig, sondern ausdrücklich erwünscht! Mit gesunden Zutaten und einer dezenten Süße schmecken die Kugeln nach aromatischen Nüssen und exotischem Kokos. Sagen Sie nicht, ich hätte Sie nicht gewarnt!

■ Für die Haselnuss-Schoko-Kugeln den Backofen auf 180 °C vorheizen (Umluft 160 °C). Die Haselnüsse auf ein Backblech geben und im vorgeheizten Ofen so lange rösten, bis die Haut platzt. Herausnehmen, in ein sauberes Geschirrtuch einschlagen und darin ausdampfen lassen. Die Nüsse im Handtuch kräftig aneinander reiben, sodass sich die Haut löst.

■ Die gehackten Haselnüsse im noch heißen Backofen oder in einer Pfanne ohne Fett etwas anrösten. Abkühlen lassen.

■ 15 Haselnüsse abnehmen und beiseite stellen. Die restlichen Nüsse in die Küchenmaschine geben und zerkleinern. Den Kakao und die Vanille dazugeben und alles fein vermahlen, bis die Nüsse beginnen, Öl abzugeben. 1 Esslöffel Reissirup dazugeben und so lange mixen, bis sich alles zu einer festen Masse verbindet. Nach Bedarf mehr Sirup zufügen.

■ Die Masse in 15 gleich große Stücke teilen. Jedes Stück flach drücken, 1 Haselnuss darauflegen und mit der Nussmasse umschließen. Zu Kugeln formen und in den gehackten Haselnüssen wenden. Im Kühlschrank fest werden lassen.

■ Für die Mandel-Kokos-Kugeln die Mandeln in einer Pfanne ohne Fett einige Minuten rösten, bis sie duften. 15 Mandeln abnehmen und beiseite stellen. Die restlichen Mandeln mit den Kokosraspeln und der Vanille in die Küchenmaschine geben und alles fein vermahlen, bis die Mandeln beginnen, Öl abzugeben. Den Reissirup und das Mandel- oder Cashewmus dazugeben und so lange mixen, bis sich alles zu einer festen Masse verbindet.

■ Die Masse in 15 gleich große Stücke teilen. Jedes Stück flach drücken, 1 Mandel darauflegen und mit der Masse umschließen. Zu Kugeln formen und in den Kokosraspeln wenden. Im Kühlschrank fest werden lassen.

Zitronentarte

Zubereitungszeit: 45 Minuten
Kühlzeit: 1 Stunde
Backzeit: 40 Minuten
Zeit zum Festwerden:
mindestens 3 Stunden
**Für 1 Tarte (Spring- oder Tar-
teform, 26 cm Ø)**

Für den Boden:
175 g Weizenvollkornmehl und
Mehl für die Arbeitsfläche
1 Eigelb
100 g kalte Butter und Butter für
die Form
25 g Reissirup

Für den Belag:
2 Bio-Zitronen
20 g Maisstärke
200 ml Milch
125 g Reissirup
50 g Butter
100 g saure Sahne
2 Eigelb
einige Zitronenscheiben und kris-
talline Reissüße zum Dekorieren

Eine echte Tarte au citron *ist eine feine Sache, aber eben auch eine etwas aufwendige. Daher habe ich für meine Version eine einfacher zu backende und etwas verschlankte Rezeptur entwickelt, die himmlisch zitronig und nicht zu süß schmeckt.*

■ Für den Boden das Mehl in eine große Schüssel sieben. Eine Mulde formen und das Eigelb hineingeben. Die Butter in kleine Stücke schneiden und auf das Mehl setzen. Den Reissirup und 2 Esslöffel sehr kaltes Wasser dazugeben und alles schnell zu einem glatten Teig verarbeiten. Zu einer Scheibe flach drücken und in Klarsichtfolie gewickelt 30 Minuten im Kühlschrank ruhen lassen.

■ Eine Tarte- oder Springform mit etwas Butter einpinseln. Eine Arbeitsfläche bemehlen und den Teig etwas größer als die Backform ausrollen. Die Backform mit dem Teig auslegen und einen ca. 2 cm hohen Rand formen. Den Boden mit einer Gabel mehrfach einstechen. 30 Minuten kühl stellen.

■ Inzwischen die Creme zubereiten. Die Zitronen heiß abwaschen und die Schale 1 Zitrone fein abreiben. Beide Zitronen auspressen und 100 ml Zitronensaft abmessen.

■ Die Maisstärke mit 2 Esslöffeln Wasser glatt rühren. Die Milch mit der Zitronenschale und dem Reissirup aufkochen. Vom Herd nehmen, die Maisstärke unterrühren und die Flüssigkeit aufkochen, bis die Masse eindickt. Handwarm abkühlen lassen. Die Butter in kleine Stücke schneiden und mit einem Schneebesen oder mit dem Pürierstab einarbeiten. Den Zitronensaft, die saure Sahne und die Eigelbe glatt rühren. Unter die Creme ziehen.

■ Den Backofen auf 180 °C vorheizen (Umluft 160 °C). Den Boden 10 Minuten backen. Herausnehmen und etwas abkühlen lassen. Den Backofen auf 160 °C zurückschalten (Umluft 140 °C).

■ Die Creme auf dem Boden verteilen und die Tarte ca. 30 Minuten backen, bis die Oberfläche der Creme fest wird. Herausnehmen und abkühlen lassen. Anschließend mindestens 3 Stunden, besser über Nacht, im Kühlschrank festwerden lassen.

■ Die Tarte kurz vor dem Servieren mit den Zitronenscheiben belegen und mit etwas kristalliner Reissüße bestäuben.

Brotpudding mit Beeren

Zubereitungszeit: 45 Minuten
Backzeit: 30 Minuten
Für 2 Portionen

½ Vanilleschote
250 ml Milch
1 EL Kokosblütenzucker
1 Ei
Butter für die Form
2 altbackene Brötchen (ca. 200 g)
150 g gemischte Beeren (TK)

Der Brotpudding ist eine etwas dekadentere Variante der „Armen Ritter", aber genau wie diese eine wunderbare Möglichkeit, altbackenes Brot zu verwerten – ach was, zu veredeln! Ich habe für dieses Dessert die Süßkartoffelbrötchen von Seite 70 verwendet.

▉ Die Vanilleschote längs aufschlitzen und das Mark herauskratzen. Zusammen mit der Milch und dem Kokosblütenzucker aufkochen. Von der Herdplatte nehmen und ca. 20 Minuten ziehen lassen. Das Ei in einer größeren Schüssel verschlagen. Unter ständigem Rühren die abgekühlte Milch in dünnem Strahl dazugießen. Alles zurück in den Topf geben und bei geringer Hitze unter ständigem Rühren erwärmen, bis die Flüssigkeit beginnt, leicht einzudicken. Vom Herd nehmen. Die Vanilleschote entfernen.

▉ Den Backofen auf 180 °C vorheizen (Umluft 160 °C). Eine kleine Auflaufform mit etwas Butter ausstreichen.

▉ Die Brötchen in ca. 1 cm dicke Scheiben schneiden. Die Hälfte der Vanillecreme in einen tiefen Teller geben und die Brotscheiben darin von beiden Seiten eintunken. Die Scheiben in die Auflaufform schichten und mit der restlichen Creme begießen. Die gefrorenen Beeren darüber verteilen und auch in die Lücken füllen.

▉ Die Auflaufform mit einem Streifen Backpapier abdecken. Den Brotpudding 20 Minuten abgedeckt backen, dann das Backpapier entfernen und noch einmal 10 Minuten backen. Herausnehmen und etwas abkühlen lassen.

Dazu schmeckt Vanillesauce.

Schokoladenkuchen mit Roter Bete

Zubereitungszeit: 25 Minuten
Backzeit: 40 Minuten
Zeit zum Abkühlen: 2 Stunden
Für 1 Kuchen (Napfkuchenform, ca. 24 cm Ø)

Für den Teig:
250 g Dinkelvollkornmehl und Mehl für die Form
3 TL Weinstein-Backpulver
½ TL Natron
3 EL Kakaopulver
1 Prise Salz
½ TL gem. Vanille
1 TL gem. Zimt
100 g Butter und Butter für die Form
275 g gegarte Rote Bete (vakuumiert)
3 Eier
100 g Kokosblütenzucker
2 EL frisch gebrühter Espresso

Für die Glasur:
50 g Kakaobutter oder Kokosöl
1 EL Kakaopulver
½ EL Ahornsirup oder 1 EL Reissirup
2 EL gepuffter Amarant

Gemüse im Kuchen ist eine tolle Sache: Es sorgt für einen saftigen Teig und bringt gleich noch ein bisschen natürliche Süße mit. Rote Bete ist im Zusammenspiel mit Schokolade ein verlässlicher Partner, aber versuchen Sie es doch auch einmal mit fein geraspelten Zucchini oder Kürbis. Für helle Teige sind Pastinaken eine schöne Option.

■ Das Mehl mit Backpulver, Natron, Kakao, Salz, Vanille und Zimt mischen.

■ Die Butter schmelzen und abkühlen lassen. Die Rote Bete fein reiben.

■ Den Backofen auf 180 °C vorheizen (Umluft 160 °C). Die Backform buttern und mit Mehl bestäuben.

■ Die Eier und den Kokosblütenzucker sehr schaumig aufschlagen. Die Butter langsam dazugeben und einrühren. Die geriebene Rote Bete und den Espresso unterrühren. Die Mehlmischung kurz unterrühren. Den Teig in die Form füllen und glatt streichen.

■ Im vorgeheizten Ofen etwa 40 Minuten backen. Mit einem Zahnstocher oder Holzstäbchen testen, ob der Kuchen fertig gebacken ist.

■ Herausnehmen, etwa 10 Minuten in der Form ruhen lassen und den Kuchen dann stürzen. Vor dem Glasieren vollständig abkühlen lassen.

■ Für die Glasur die Kakaobutter oder das Kokosöl langsam schmelzen lassen. Den Kakao und den Ahornsirup sehr gründlich unterrühren. Den gepufften Amarant dazugeben und unterrühren. Den Kuchen mit der Glasur bestreichen und die Glasur vor dem Anschneiden erkalten lassen.

Bild zum Rezept auf Seite 144

Hefeschnecken mit Nussfüllung

Zubereitungszeit: 30 Minuten
Gehzeit: 1 ¼ Stunden
Backzeit: 20 Minuten
Für 12 Stück

300 g Dinkelvollkornmehl und
Mehl für die Arbeitsfläche
1 EL Vollrohrzucker
100 g Butter und evtl. etwas Butter für die Form
150 ml Milch
15 g frische Hefe
1 Ei
150 g gem. Haselnüsse
1 EL Honig
1 TL gem. Zimt
50 g gemischte Nüsse (z. B. Haselnüsse, Walnüsse oder Mandeln)

Tipp
Die Hefeschnecken lassen sich sehr gut einfrieren und bei 160 °C (Umluft 140 °C) in ca. 10 Minuten frisch aufbacken.

Diese Hefeteigschnecken waren meine süße Rettung bei meinem persönlichen „Projekt Zuckerfrei"! Ich habe sie z. B. zu Familienfeiern mitgenommen Dort stießen sie übrigens immer auf großes Interesse, denn erstaunlich viele Leute mögen übertrieben süße Cremetorten eigentlich gar nicht!

■ Das Mehl mit dem Zucker in einer großen Schüssel mischen.

■ 50 g Butter schmelzen. Die Milch dazugießen und alles handwarm erhitzen. Die Hefe hineinbröckeln und unter Rühren auflösen. Die Milchmischung und das Ei zum Mehl geben. Alles zunächst mit einem Löffel verrühren und dann mit den Händen oder der Küchenmaschine mindestens 5 Minuten zu einem geschmeidigen Teig verkneten.

■ Die Schüssel abdecken und den Teig an einem warmen Ort etwa 45 Minuten gehen lassen, bis sich das Volumen mindestens verdoppelt hat.

■ Inzwischen die restlichen 50 g Butter schmelzen und mit den gemahlenen Nüssen, dem Honig und dem Zimt verkneten. Die gemischten Nüsse fein hacken.

■ Eine ca. 20 x 30 cm große Auflaufform mit Backpapier auslegen oder mit etwas Butter einfetten.

■ Die Luft vorsichtig aus dem gegangenen Teig pressen. Den Teig mit einem Nudelholz oder mit den Händen zu einem ca. 25 x 40 cm großen Rechteck ausrollen bzw. formen. Die Nussmasse daraufstreichen. Die gehackten Nüsse darüberstreuen.

■ Den Teig von der langen Seite her zusammenrollen. Die Rolle in 12 Stücke schneiden und mit der Schnittfläche nach oben in die Auflaufform setzen, dabei 3 Reihen mit je 4 Rollen bilden. Abdecken und die Schnecken erneut 30 Minuten gehen lassen.

■ Den Backofen auf 180 °C vorheizen (Umluft 160 °C). Die Schnecken etwa 15–20 Minuten goldbraun backen. Herausnehmen und lauwarm oder abgekühlt servieren.

Vollkorn-Butterkekse

Geeignet für Schritt 1 & 7

Zubereitungszeit: 25 Minuten
Kühlzeit: 1 Stunde
Backzeit: 10 Minuten
Für ca. 20 Stück

50 g Vollrohr- oder Kokosblütenzucker
½ TL Maisstärke
100 g Dinkelvollkornmehl und
Mehl für die Arbeitsfläche
1 Prise Salz
100 g weiche Butter
½ TL gem. Vanille
1 Eigelb

■ Den Zucker zusammen mit der Stärke in der Küchenmaschine zu Puderzucker vermahlen. Das Mehl in eine Schüssel sieben und mit dem Salz vermischen.

■ Die Butter mit dem Puderzucker und der Vanille sehr cremig rühren. Das Eigelb gründlich einarbeiten. Das Mehl zugeben und alles zu einem Teig verkneten. Den Teig zu einer flachen Scheibe formen, in Klarsichtfolie einwickeln und ca. 1 Stunde kühl stellen.

■ Den Backofen auf 180 °C (Umluft 160 °C) vorheizen und ein Backblech mit Backpapier auslegen. Eine Arbeitsfläche bemehlen und den Teig 3–4 mm dick ausrollen. Mit einem Teigrädchen oder einer Ausstechform rechteckige Kekse (ca. 5 x 5 cm groß) ausschneiden bzw. -stechen. Die Kekse auf das Backblech legen und mit einer Gabel mehrfach einstechen. Dann im vorgeheizten Ofen etwa 10 Minuten goldbraun backen. Anschließend herausnehmen und auf einem Kuchengitter vollständig abkühlen lassen.

■ Die Kekse können in einem luftdicht verschlossenen Behälter ca. 1 Woche aufbewahrt werden.

Mandel-Kokos-Kekse

Geeignet für Schritt 1 & 7

Zubereitungszeit: 15 Minuten
Backzeit: 10 Minuten
Für 20 Stück

75 g Kokosraspel
50 g gemahlene Mandeln
1 Prise Salz
1 Prise gem. Ingwer
50 g weiche Butter
1 EL Ahornsirup
1 Ei
1 EL Mandelblättchen

■ Den Backofen auf 180 °C vorheizen (Umluft 160 °C) und zwei Backbleche mit Backpapier auslegen. Kokosraspel mit Mandeln, Salz und Ingwer in der Küchenmaschine vermischen. Die Butter in kleine Stücke schneiden und zusammen mit dem Ahornsirup und dem Ei dazugeben und alles gründlich mixen, bis ein glatter Teig entstanden ist.

■ Mit einem Teelöffel walnussgroße Häufchen abstechen und mit angefeuchteten Händen zu Kugeln formen. Auf die Backbleche legen und etwas flach drücken. Jeweils mit einigen Mandelblättchen belegen.

■ Im vorgeheizten Backofen 10 Minuten backen, bis die Kekse goldbraun sind. Dann herausnehmen und auf einem Kuchengitter vollständig abkühlen lassen. Die Kekse können in einem luftdicht verschlossenen Behälter ca. 3 Tage aufbewahrt werden.

Schoko-Cookies

Zubereitungszeit: 20 Minuten
Backzeit: 10 Minuten
Für 20 Stück

100 g Dinkelvollkornmehl
25 g Maisstärke
1 ½ EL Kakaopulver
½ TL gem. Vanille
1 Prise Meersalz
50 g dunkle Schokolade (mind.
70 % Kakaoanteil)
50 g gemischte Nüsse und
Mandeln (optional)
60 g weiche Butter
60 g Cashew- oder Erdnussmus
60 g Kokosblütenzucker oder
80 g Reissirup
1 Ei, zimmerwarm

Die leckeren Cookies können Sie ganz nach Geschmack zubereiten: Kräftig und nussig oder pur und schokoladig. Auch beim Süßungsmittel haben Sie die Wahl: Bei der Verwendung von Kokosblütenzucker werden die Kekse knuspriger, mit Reissirup etwas weicher und mürber.

■ Das Dinkelmehl in einer Schüssel mit Stärke, Kakao, Vanille und Salz mischen. Die Schokolade und evtl. die Nüsse mittelfein hacken.

■ Den Backofen auf 180 °C vorheizen (Umluft 160 °C) und zwei Backbleche mit Backpapier auslegen.

■ Die Butter mit dem Cashew- oder Erdnussmus und dem Kokosblütenzucker oder Reissirup schaumig schlagen. Das Ei gründlich einarbeiten. Die Mehlmischung kurz unterrühren, bis sich alles gerade eben verbunden hat. Die Schokostückchen und nach Belieben die Nüsse unterheben.

■ Mit einem Teelöffel walnussgroße Häufchen abstechen. Mit den Händen zu Kugeln formen und auf die Bleche legen. Etwas flach drücken.

■ Die Cookies im vorgeheizten Backofen 8–10 Minuten backen, bis sich die Oberfläche der Kekse fest anfühlt. Herausnehmen und auf einem Kuchengitter vollständig abkühlen lassen.

■ Die Cookies können in einem luftdicht verschlossenen Behälter ca. 1 Woche aufbewahrt werden.

Info
Die Schoko-Cookies lassen sich prima einfrieren, und zwar sowohl die gebackenen Kekse als auch der rohe Teig. Dafür formen Sie die Cookies und geben sie auf ein Backblech oder ein großes Küchenbrett. Lassen Sie die Cookies im Tiefkühler einige Stunden gefrieren und geben Sie sie dann in einen Gefrierbeutel. So können Sie immer die gewünschte Menge entnehmen und backen.

Strawberry-Cheesecake-Eis

Zubereitungszeit: 30 Minuten
Gefrierzeit: bis zu 4 Stunden
Für ca. 500 g Eis (4 Portionen)

250 g Quark (20 % F.i.Tr.)
150 g Frischkäse
50 g Naturjoghurt
½ Vanilleschote
100 g und 2 TL Reissirup
200 g Erdbeeren
1 TL Maisstärke
25 g Vollkornkekse, z. B. von
Seite 158/159
Erdbeeren zum Dekorieren

Fruchtige Erdbeeren, sahnige Creme und knusprige Keksbrösel: Ein absolutes Dreamteam. Wenn Sie eine Eismaschine besitzen, steht das schnelle Eis aus Quark, Frischkäse und Joghurt in kurzer Zeit auf dem Tisch. Aber auch ohne Maschine gelingt das kühle Dessert problemlos. Ein Highlight für besondere Tage!

■ Den Quark mit dem Frischkäse, dem Joghurt und 100 g Reissirup glatt verrühren. Die Vanilleschote der Länge nach halbieren und das Mark auskratzen. Das Mark unter die Quarkcreme rühren und die Creme kühl stellen.

■ Die Erdbeeren vorsichtig waschen, trockentupfen und putzen. In kleine Stücke schneiden. Zusammen mit 2 Esslöffeln Wasser in einen Topf geben und aufkochen. Vom Herd nehmen und mit dem Kartoffelstampfer oder einer Gabel etwas zerdrücken. Die restlichen 2 Teelöffel Reissirup einrühren. Die Maisstärke mit 1 Esslöffel Wasser glatt rühren und unter das Erdbeerpüree rühren. Erneut aufkochen lassen, bis die Masse etwas eindickt. Vom Herd nehmen und abkühlen lassen.

■ Die Kekse in einen Gefrierbeutel geben, verschließen und mit einem Nudelholz zerbröseln.

■ Die Eismasse in die Eismaschine geben und gefrieren lassen. Wenn die Masse cremig und fest ist, die Erdbeersauce und die Kekse dazugeben und nur ganz kurz unterrühren, sodass sich eine Marmorierung ergibt.

■ Für die Zubereitung ohne Eismaschine die Quarkcreme in ein gefriergeeignetes Gefäß füllen und im Tiefkühler ca. 1 Stunde gefrieren lassen. Dann während der nächsten 3 Stunden alle 30 Minuten kräftig durchrühren, am besten mit dem Stabmixer. Wenn die Masse beinahe fest ist, die Erdbeeren und die Keksbrösel darauf verteilen und locker unterheben. Noch einmal 20 Minuten gefrieren lassen.

■ Zu Kugeln formen und mit frischen Erdbeeren servieren.

Kiwisorbet

Zubereitungszeit: 10 Minuten
Gefrierzeit: bis zu 4 Stunden
Für ca. 500 g Eis (4 Portionen)

600 g reife Kiwis
1 EL Limettensaft
75 g Reissirup
Minzeblättchen zum Dekorieren

Fruchtig, säuerlich, spritzig die quietschgrünen Kiwis sind eine tolle Frucht für ein leckeres und nicht alltägliches Sorbet, das als Zwischengang genauso gut schmeckt wie als Dessert. Verwenden Sie wirklich reife Kiwis, diese lassen sich besser verarbeiten.

▮ Die Kiwis halbieren und das Fruchtfleisch mit einem Löffel herauslösen. In kleine Würfel schneiden und in einen hohen Rührbecher füllen. Den Limettensaft und den Reissirup dazugeben und alles glatt pürieren.

▮ Das Püree in die Eismaschine füllen und zu Sorbet gefrieren lassen. Die Masse ist fertig, sobald sie cremig, aber fest ist und beim Formen mit dem Eisportionierer oder einem Löffel ihre Form behält. Bei Bedarf noch 15–30 Minuten in den Tiefkühler stellen.

▮ Für die Zubereitung ohne Eismaschine das Püree in ein gefriergeeignetes, verschließbares Gefäß füllen. Im Tiefkühler 20 Minuten anfrieren lassen, dann während der nächsten 4 Stunden alle 15 Minuten kräftig mit einer Gabel oder einem Pürierstab durchrühren, bis die Sorbetmasse cremig ist und ihre Form behält.

▮ Zu Kugeln formen und mit Minzeblättchen dekorieren.

Info
Wenn ein Sorbet zu hart gefroren ist, können Sie es so wieder retten: Vor dem Servieren ca. 15 Minuten antauen lassen, dann mit dem Löffel Stücke abstechen und mit dem Pürierstab zu einer cremigen Konsistenz verarbeiten.

Rezeptregister

Register

Bildnachweis

Colourbox:
S. 8. 13

Fotolia
S. 14, 17

Shotshop
S. 11

alle anderen: Katharina Kraatz

© Ullmann Medien GmbH
Texte und Rezepte: Katharina Kraatz
Redaktion, Lektorat: Claudia Boss-Teichmann
Gestaltung, Bildredaktion und Satz: Christine Paxmann text • konzept • grafik, München
Projektleitung: Lars Pietzschmann

Gesamtherstellung: Ullmann Medien GmbH, Potsdam
Printed in Slovakia, 2017
ISBN 978-3-7415-2262-8

10 9 8 7 6 5 4 3 2 1
X IX VIII VII VI V IV III II I

www.ullmannmedien.com
info@ullmannmedien.com
facebook.com/ullmannmedien
twitter.com/ullmannmedien